歴史文化ライブラリー
59

平泉中尊寺

金色堂と経の世界

佐々木邦世

JN214271

吉川弘文館

原則として、初版で掲載した口絵は割愛しております。

目次

寺観としてのアプローチ―法華経一日頓写― 1

「みちのく」点描

京から見た「道の奥」 6
中尊寺以前の寺々と諸仏の表情 16
藤原清衡とその時代 26

『吾妻鏡』にみる中尊寺

文治五年「寺塔已下の注文」 32
伽藍の「信」と構造 52

「中尊寺供養願文」を読みなおす

「願文」をめぐる人々 66
毛越寺伽藍説の疑問 82
「願文」の歴史的個性 93

新・光堂物語 金色堂

浄土とは何か……98
金棺に聞く……117
「西方」とは……125
「中尊寺ハス」……133
宝浄の世界
紺紙金銀字交書一切経……142
一字金輪仏頂尊……162
神、鎮もる山
白山禅定の霊神……174
越前「平泉寺」と奥州平泉……185
「中尊寺史」もう一つの視点
寺号「中尊寺」補説……190
「開口」が語る故実……201

参考文献
あとがき

寺観としてのアプローチ——法華経一日頓写——

　平成九年七月、中尊寺で「法華経一日頓写《とんしゃ》経会《え》」が行われた。「法華経」八巻、六万八千余字を一日の内に書写しあげるのである。遠く近くより参加した人々は、掌《て》にいただいた塗香《ずこう》を口に含み身を清めて浄机に向かい、心を凝らして筆を運んだ。この年の「金色堂国宝指定一〇〇年」を記念して催行されたもので、秋にはまた、平成の紺紙金字法華経が奉納された。なぜ、金色堂の国宝指定記念に法華経頓写なのか、なぜ金字法華経なのか。実は、そこに、中尊寺たる所以《ゆえん》があり寺観がうかがわれる。

　中尊寺は、慈覚大師（円仁）の開山と伝えられてきた。これはあくまでも寺伝である。東北地方には慈覚大師の開山あるいは中興と伝えるところが多い。大師入定《にゅうじょう》説を伝える山形立石寺のほかにも、福島の霊山寺《りようぜん》・松島の瑞巌寺《ずいがん》・秋田象潟《きさがた》の蚶満寺《かんまん》・岩手水沢の黒石寺などもそうである。たしかに、大師の伝記には天長六年（八二九）以後に「北狄《ほくてき》に向かいて妙典を宣揚し」とはあるが、史料の上からこれを支持するに足るものは見ない。おそらくはその法流を汲む人々、法弟・法孫が東北（陸奥国・出羽国）に巡《じゆん》錫《しやく》し草堂を構えて天台の法灯を点じ、ときに慈覚大師を鑽仰《さんごう》して「開山」に請いいただいたのではなかったろうか。それを勧《かん》請《じよう》開山という。勧請開山は、歴史のなかに宗教的尊厳とその正当性を確信しようとする虚構である。虚構は、事実よりも大きく映り色褪《あ》せないものらしい。

藤原清衡《きよひら》がここに堂塔を造営したのは、十二世紀の初頭である。寺伝に則していえば、慈覚大師の法縁の山を清衡が恢宏《かいこう》した、ということになる。その規模を、『吾妻鏡《あずまかがみ》』文治五年（一一八九）九月十七日の条の「寺塔已下《いか》注文」には、「関山中尊寺のこと、寺塔四十余宇、禅坊三百余宇なり。清衡、（奥）六郡管領《かんれい》の最初にこれを草創す」と記している。清衡は、陸奥国守とか鎮守府将軍とか、官途にはついてはいない。つまり、公権を背景にして堂塔造営を企てたのではない。だれが清衡をして寺堂造営をなさせたものであろうか。清衡の周囲にそれを探すとすれば、ただ一人、およそ五三〇〇巻にもおよぶ金銀字交書一切経の書写を奉行し、京洛《けいらく》にもいまだかつてないこの大事業を八年でなし遂げた自在房蓮光が浮かび上がってくる。その功績で蓮光は初代の経蔵別当に補任された。寺塔四十余宇という数もさることながら、この「紺紙金銀字交書一切経」が清衡の寺堂建立のベースになっているのである。世に、中尊寺経とか清衡経といわれる、日本写経史上の至宝である。

大治三年（一一二八）七月、清衡は七三歳で死去した。妻の平氏は、八月六日の三七日《さんしちにち》（二十一日）の供養に、紺紙金字法華経八巻の書写を発願した。

その巻第八の奥書に「一日の内に書写しおわんぬ」とある（高野山金剛峯寺所蔵）。二代基衡《もとひら》は、先考《せんこう》（亡き父）清衡の成仏得道のために法華経千部一日経の書写を発願している。一日に一部を書写し、千部を書写し尽くして供養しようとの発願である。その一〇〇年後の書写経奥書には「第六十二部也」とあり（静岡県妙立寺所蔵）、二〇〇年後の奥書には「千部一日経の内、第五百七十二部也」とある（大阪金剛寺所蔵）。なお営々として、金泥を溶《と》き、書写供養しつづけていたわけである。

平成の一日頓写経は、そうした古例に倣《なら》って体現した、心洗われる「行」であった。

本書では、清衡がなし遂げた中尊寺堂塔造営の意味を、中央と「みちのく」とを複眼的に照射し、そして所依の経典の意を汲みながら、時には史料・論証だけでなく身証も頼りにしつつ、寺観としてアプローチしてみたい。

「みちのく」点描

京から見た「道の奥」

黄金花咲く

「黄金《くがね》花咲く」、いうまでもなく『万葉集』〈巻一八〉の大伴家持の歌

天皇《すめろぎ》の御代《みよ》栄えむと東《あづま》なるみちのく山に金《くがね》花咲く

から引いた、古代史の「みちのく」を形容し象徴することばである。

天平二十一年（七四九）「東の方陸奥国の小田郡に金」が産出し、国守は黄金九〇〇両を朝廷に献納した。わが国に黄金の産した始め、「天平の産金」である（『続日本紀』）。歌の「あづまなるみちのく」を、あづま（東国）の「みちのく」と解釈したものもあるが、「みちのく」は「道の奥」であり、『延喜式』（十世紀編纂）の五畿（畿内）七道の地方区画でいうと、陸奥国は東山道の奥ということになる。

『延喜式』巻二二〈民部〉では、諸国を上・中・下と、上の上を大国というふうに四段階にランク付けしている。東山道に属する国々のうち、近江国・上野国と陸奥の三ヵ国が「大」の国で、美濃・信濃・下野と出羽が「上」となっている。しかも、陸奥は金を産し、それに漆も紙も絹も、そして駿馬を産したのである。経済大国であり軍事大国であった、といってもいいのかもしれない。少なくとも、近世天明の飢饉《ききん》、近代における貧困の東北、あるいは物言わぬ農民といった、昭和のわれわれ世代が抱いた東北観とは、どうも違うようである。

説話のなかにも、やはり陸奥と産金にかかわる話がある。

『今昔物語集』巻第二六〈一四〉に、「陸奥守に付きし人、金を見付けて富を得る語《こと》」というのがあって、中で、こんな会話に作っている。「私は年来の宿願で、丈六《じょうろく》の阿弥陀仏を造りはじめていたが、お前が陸奥守の一の者として赴任すると聞いていたから、仏像に押す金箔のことは、そなたを当てにしておったのだが、往かずに還ってきてしまったとは」「金、いかばかりお入り用で？」「出せもしないのに、よく言う」とは思いながらも「七、八十両ばかり必要だそうな」と言うと、「その程度でしたら、陸奥の国に下りませずとも、なんとか都合いたしましょう」と言った、というのである。

こうした話にも、実質をともなった受領《ずりょう》層（在府国司）の姿がうかがわれる。ことに陸奥に赴任するとなると、金を入手できるものと当てにされている。それが京人《みやこびと》の通念であったということである。砂金だけでなくて紙も、「みちのくに紙など得つれば、こよなうなぐさみて」と『枕草子』にいうように、ふくよかなる陸奥《みちのく》紙（檀紙の異称）は、唐紙や斐《ひ》紙とともに貴重な「王朝の紙」の一種であった。政治の場と文化の空間が一体となっていた時代である。視点をかえて言えば、金も漆も絹も、それは京《みやこ》の大宮人（宮廷サロン）の需要に応える、生活趣向に欠くことのできない必需品として、陸奥の黄金や紙は京文化の素材になっていたわけである。

貢馬・貢金の政治

陸奥に産した金や駿馬・紙などの交易・貢納の記事を、史料からいくつか拾ってみよう。

(1)『延喜式』（交易雑物）

陸奥国　砂金三百五十両、葦鹿《あしか》の皮。昆布六百斤……。

(2)『本朝世紀』　長保元年（九九九）五月

陸奥臨時の交易、御馬廿疋《ひき》……。天皇出御《しゅつぎょ》せらる。左大臣（道長）殿上に進み、御馬を前庭に召す。よって左近衛ら各々御馬を取り牽《ひ》き回すこと三度、一々これに騎《の》る。

(3)
『小右記《しょうゆうき》』（藤原実資《さねすけ》の日記）　長和三年（一〇一四）二月
今日、将軍維良奥州より参上す。左府（左大臣）に貢ところの物、馬廿疋、……鷲羽・砂金・絹・綿布など、その数もっとも多し。将軍の任符に預からんとして、身に数万の物を随えて蓮府《れんぷ》（大臣の邸）に詣ず。道路は市を成す。……幾《いくばく》も経ずして栄《えい》爵《しゃく》に関わる。また将軍に任ぜらる。財貨の力なり。……（他の徒輩《とはい》もいよいよ財宝を貯えるは）官爵を買わんとの企ての計らいか。悲しき代なり。

(4)
『栄華物語』巻第一八〔たまのうてな〕
国々の受領どもの、絹・綿・様々の染草など、持て続き参らせたれば……。又見れば、陸奥守の奉れる御馬率て参りたるなどいひて、いみじき黒駒や、さま〴〵の毛どもなどなる、いみじくやさしく仕立てゝ、十ばかり率て参るめり。

(5)
『小右記』　長元二年（一〇二九）九月
前陸奥（守）孝義砂金十両を志しす。金粒はなはだ大なり。……孝義云う。この砂金は例なる金には異なれり。もし御用有らば、いま十両志しすべし、といえり。

(6)
『陸奥話記』
（源頼義）拝して陸奥守となり、（天喜元年、一〇五三）鎮守府将軍を兼ね（安倍）頼良を討たしむ。……境に入り任に着くのはじめ、にわかに天下の大赦あり。頼良大いに喜び、名を改めて頼時と称す。身を委ねて帰服す。……任終わるの年、府務を行わんがために鎮守府（胆沢《いさわ》城）に入る。数十日経廻《けいかい》のあいだ、頼時首を傾《かたぶ》けて給仕す。駿馬・金宝の類、ことごとく幕下に献ず。……

(7)　『後二条師通《もろみち》記』　寛治五年（一〇九一）十一月

「清衡、始めて馬を殿下（関白師実《もろざね》）に貢ぐ」（朱筆）

亥の刻ばかり（夜一〇時ごろ）、盛長朝臣が来たりて云う。（盛長は）関白殿（父の師実）の御使なり。清衡（陸奥住人なり）、馬二疋進上するの由仰するところなり。承りおわんぬ。文筥《ふばこ》開き見るのところ、二通の解文《げぶみ》と申文《もうしぶみ》など筥に入れりと云々。

(8)　『中右記』（藤原宗忠の日記）　嘉保三年（一〇九六）十二月

砂金は蔵人所の先例に従って下し給う。しかるに近日金候せずと云々。如何。仰せて云う。前陸奥守義家朝臣、砂金未進のこと有りと云々。早く相尋ね申すべしといえり。

(9)　同　保安元年（一一二〇）六月

清衡は金・馬・檀紙《だんし》などを取るものなり。所為の宗《むね》とするはすでに大盗たるなり。

陸奥に産した金や駿馬は、貢ぎ物として、もっぱら政治の手段としてつかわれていたようである。いまだ公私が未分化で渾然《こんぜん》としていた古代と中世の間においては、政界・官界への献金は政治の要諦《ようたい》であった。たしかに、(3)で実資は「官位や爵位を金で買うとは」と嘆いているが、だからといって即、歴史を現代の倫理観だけで悪であるとか堕落とか批評するのは、かえって偏見になる。道長の栄華に対する批判的な目が、『小右記』における特徴なのである。(5)では、前陸奥守孝義が、砂金一〇両を進めてから、「もし、御入り用でしたら、もう一〇両も差し上げましょうか」と言ったという。実資は、それを苦々しい思いで書いたことであろう。が、その翌々年、実資は絹一疋（二反）をもって砂金一両に充《あ》て進済すべきか、陸奥守貞仲が主張するように絹二疋を一両とするのかと、日記に書いている。砂金はもとより諸卿の重要な関心事で、(8)の宗忠になると、貢金の未進が財政に関わる重大な問題として、たびたび日記にみえる。

ここで、(7)『後二条師通記』の記事が注意される。陸奥の住人清衡が、関白師実に馬二疋を進上したというのであるが、朱筆で「始めて馬を殿下に貢ぐ」と記している。これが清衡が中央摂関家の記録にあらわれたはじめでもある。しかも、師通にとって日記の要件は、あるいは馬二疋の記事よりも文箱のなかの二通の文書にあったのかも知れない。そのことについては、後でまたあらためて触れたい。

あずま・みちのく

『更級日記《さらしな》』（十一世紀成立）は、冒頭「あづま路の道の果てよりも、なほ奥つ方」で始まるが、この、東国のなお奥は、作者が幼女期を送った上総（千葉県）のことである。都から遠く隔たった鄙《ひな》（田舎）であった。ちょうど、陸奥では前九年の役（奥州十二年合戦）で、源頼義の軍が安倍氏の抵抗に苦戦していた、そういう時代の京人《みやこびと》の回想である。

「あづま」は、京にありわびた者、身を要なきものと思い込んだ者の、はるばると行き行く土地であった。そして、「夷《えびす》めきたる人をのみ見ならひ」たる自分を悔しきまで思う、物語世界ではあるけれども、人物に分散拡大されているあずま、えびすの蔑視《べつし》には、並々ならぬ根深さがある、と指摘されている（竹西寛子『古語に聞く』）。

京のひとにとって、逢坂《おうさか》の関（滋賀県）以遠《いとう》は外社会であった。「地方」ということばは「外」を意味した。あずま人の「横なばりたる音」（『今昔』二十五、訛《なま》った声）でののしる様を見るにつけて、さらに、白河の関（福島県）を越えて行き行くところの道の奥（陸奥）はどういうことになるのか。砂金は当てにできるし駿馬も入手できよう。「ふくだめる」上質の紙も欲しい。けれども、それは身を京において想うことであって、辺境という彼《か》の国、まつろわぬ者どもの世界は「外」である。陸奥の人からするとそれは、どうにも仕様のない地理的な隔りであり、意識の格差という現実である（そういう「みちのく」を英訳するならばディープ・イーストが最もふさわしい）。

ところが、そうした意識とは裏腹に、宮廷周辺の人々には、みちのくは歌枕の世界だけでない、惹《ひ》きつけるものがあった。清衡の発想・営みを可能にした金や絹、駿馬といった資力である。そして、大事なことはこの辺境の陸奥の住人清衡が、はじめてその資力を自らの志のために費やす主体になったことである。

髻と絵師の意識

『前九年合戦絵詞《ことば》』や『後三年合戦絵詞』にも、権力周辺の人々の、まつろわぬ者に対する、あからさまな意識が見える。それは絵師のなかにおける官軍と賊軍という意思設定であり、それを画かせた中世社会の認識でもあったと思われる。

『前九年合戦絵詞』では、詞書は、夷人（安倍氏）の精兵に源氏の従兵「官軍」は散走し、将軍の馬は流れ矢に当たって倒れた。藤原景通が「賊」の馬を奪ってようやく脱出したと物語っているが、絵は、騎上の景通が騎馬で逃走する兵の後ろから、髻《もとどり》を左手でつかみ、まさに首を掻《か》き切るところである。『後三年合戦絵詞』の下巻では、寛治元年十一月十四日、金沢の柵（秋田県横手市）が陥《お》ちて、池に隠れていた清原武衡《たけひら》もついに捕らえられ連行される。捕縛・連行どちらの場面も、二人の兵が左右から武衡の両腕をしっかりと抑えつけ、それだけでなく、もう一人が後ろから武衡の髻を執拗《しつよう》につかんで決して放さない。また、清衡の異父弟・家衡の乳母子《めのとご》千任《せんとう》は、将軍義家の軍勢に向かって「汝の父頼義は、前九年の役で清原の力を借りて安倍氏を討つことができたのに」と、櫓《やぐら》の上からその忘恩を罵倒《ばとう》した。捕虜になった千任は、やはり髻をつかまれ、舌を引き出された。『後三年』の模写本では、上巻の真衡《さねひら》館攻撃の場面で、やはり武者が徒兵《かち》を倒しその者の髻を口でくわえて動きを押さえながら、左手がもう一人の徒侍の髻をむんずとつかんで引き倒している。

中世の世界では、髻は、あらわにすべきものでなかった。隠すのが普通であり、ひとの目に晒《さら》すのは恥ずかしいことだった。髻に禁忌《きんき》の観念があったわけで、それをつかむということは、「えびすのいやしき」兵を、完全に押さえ込んでしまう、いったん髻をつかんだら放さない、全く相手の自由を奪ったことを、可視的に表現したかったのであろう。正義の者が人道に外れた者を、正しき者を引っ捕らえ完全に押さえつけた構図、というよりも、敵である前に同質の人間として扱っていない、そんなふうにも見える。

『前九年』の絵師は不詳だが、鎌倉時代のものとされ、『後三年』の絵は巨勢惟久《こせのこれひさ》の手になる。まつろわぬ民、「はて知らぬ」みちのくびと、夷人に対する一種怯《おび》えにも似た潜在的な意識・感覚、そこには物語の世界に通じるものがあったと思われる。

中尊寺以前の寺々と諸仏の表情

東北地方に、いつごろから仏教が広まっていたのか。それは、どんな仏教であったのか。

定額寺

『日本書紀』には、七世紀後半に、陸奥の蝦夷沙門《えみししやもん》自得なるものが金銅薬師仏像・観音像をそれぞれ請い賜ったと伝えていて、これが初見になる。全国的に、奈良時代の国分寺の制から平安時代になると定額寺《じょうがくじ》の事例が多くなってくるが、天長七年（八三〇）に、山階《やましな》寺つまり奈良興福寺の僧智興が陸奥国信夫《しのぶ》郡（福島県）に寺を造建して菩提寺と号し、定額寺として処置されている（『類聚国史』一八〇）。定額寺は、私寺であるが官寺に準じた寺格であって、それには経済的基盤が付属した。郡司的地方豪族層が公権と結合し、寺の格式を高くして経済上の保障を得ようとしたものと説明される。天安元年（八五七）には陸奥の極楽寺が定額寺となり灯油分と修理料として稲一〇〇〇束、墾田一〇町が充てられた（『文徳実録』）。岩手県北上市稲瀬の国見山廃寺跡が、その伽藍跡と目されている。調査報告書によると、遺跡の範囲はおそらく東西一㌔以上にも及ぶものと推定され、国見山山上の七間堂は、東西二一・六㍍である。

貞観年間（八五九〜八七六）には、出羽では瑜伽《ゆが》寺・長安寺、最上の霊山寺・山本郡の安隆寺がそれぞれ定額寺となっているが（『日本紀略』）、これはことさら出羽に限ったことではない。諸国において定額寺が著しく増加した時代である。定額寺は、その当初は国家による寺院統制の施策に出たものであったけれども、それが特定の私寺を公認するというように変質してきた。辺境豪族の実力がさらに権威を高めるとともに、寺院の創建と維持にかかわることによって、いつか宗風が地方に受容され、教化されてもきたであろう。一例をあげれば、承和《じょうわ》十一年（八四四）には天台の安恵《あんね》が出羽国の講師《こうじ》として赴任した。立石寺は慈覚大師円仁を開山とするが、実質的な開祖がこの安恵であったことはすでに勝野隆信氏の論考で知られるとおりである。『元亨釈書《げんこうしゃくしょ》』にはその安恵に関して「時にその地方の人々、皆唯識を学んで天台を知らず」と伝えている。天台の宗風はまだ受容されていなかったけれども、唯識は修学されていたということらしい。また、出羽国の僧妙達が冥土《めいど》で閻魔《えんま》から聞いた法華経持経者の話というのがあった。それをおさめる『僧妙達蘇生注記』が編纂されたのが天暦の末（九五六）のことである。

「奥六郡」の寺々

陸奥極楽寺と目される国見山廃寺跡を起点にして言うと、そこから北にわずか二粁ほどの所に白山廃寺跡があり、十一世紀末、清原氏時代の遺構と推定されている。東西の桁行《けたゆき》が三九メートル以上もあり、柱間《はしらま》九間。南北の梁《はり》間二一・五五メートル、柱間五間。母屋《おもや》はすべて四・四五メートル（一五尺）の等柱間という巨大な建築であったらしい。そこからは清衡の故地江刺豊田館もすぐ近い。清衡は、この壮大な建築を見て知っていたに違いない。また一〇粁ほど行った更木町にも大竹廃寺跡がある。あるいはまた、後に頼朝が逗留《とうりゅう》した陣が岡の蜂杜《はちのもり》の近くに高水寺（紫波町）という寺があって、「これ称徳天皇の勅願として、諸国に安置せらるる一丈の観自在菩薩像の随一なり。かの寺の住侶禅修房已下十六人、この御旅店に参訴することあり」と『吾妻鏡』（文治五年九月九日条）に記している。所伝の称徳天皇の勅願というのは誇称としても、そういう古くからの寺があった。そしてこれらの寺院が、安倍館跡の密集した地域に近接しているということが注意される。国見山山上からは真南に胆沢城《いさわ》（水沢市佐倉河）を、さらに平泉の束稲山も遠望される。そういう地理的な諸要素を考えあわせてみると、清衡が館を平泉に移し中尊寺造営に着手するという素地も頷《うなず》けてくる。

　しかし、「みちのく」の歴史は征夷《せいい》と征せられてきた人々の、両面の歴史があるから、仏教文化の受容と展開も、一面的に捉《とら》えるだけでは済まない問題がある。胆沢城は朝廷の蝦夷制圧の前線基地であった。黒石寺（水沢市）はその胆沢城から二〇㌔ほどの所にあり、本尊薬師如来坐像には貞観四年（八六二）十二月の造像記墨書銘がある。全国的にもこの時代唯一の仏像銘として知られる。銘の、貞観四年というのは、胆沢城が造営されてから六〇年ほどしてということになる。当時の、陸奥地方の状況説明に、よく引かれるのが『三代実録』（貞観十五年）で、その文意を取ると、「俘夷（夷俘《いふ》）が境に満ち、ややもすれば逆らう。吏民《りみん》は恐れること虎狼《ころう》を見るごとくである。五大菩薩の像を造って国分寺に安置し、野蛮な夷の野心を厳しくしずめ、われわれの畏怖《いふ》を安らげてほしい」と記している。

　黒石寺はまさに辺「境」の寺である。そこに安置された本尊であるから、未開野蛮なこの地方の民を「文化」で威圧する、造仏の意図もそのように解釈されるわけである。その薬師像のお顔は「切れ長で、まなじりを極端に吊《つ》り上げた、人を射《い》すくめるような眼、際《きわ》立《だ》たせた稜線《りょうせん》と強いカーブで構成された唇など、人を威嚇《いかく》し、畏怖させるに充分な面《かお》貌《だち》」（佐藤昭夫氏）である。

あるいは、大竹廃寺跡からさほど遠くない和賀郡東和町、成島の兜跋《とばつ》毘沙門天像は像高四・七二《メートル》もある。北方守護の武神で、十世紀初頭の作とみられる。

いずれも安倍氏の伝領「奥六郡」に造立された寺であり尊像である。

そこで、これらの仏像をどのように解釈するかであるが、まず第一義的には、夷を威嚇し民心の安定を願ったものとして解説される。つぎに、それを裏返して、征する側、国衙《こくが》在庁官人が自らの恐怖と不安を除くための造顕《ぞうけん》であったと解釈される。薬師像の顔の威圧するような面貌、そして兜跋毘沙門天の「巨大」さから、それは十分に察せられる。

前掲の『三代実録』の記述を、彫刻史の専門書には次のように解説している。

> 蛮夷に悩まされ、戦々恐々の毎日を送っていた陸奥の住民たちにとって、仏教は心の糧《かて》であり仏像は何よりも頼りになるものであったことを、この記事は雄弁に伝えている。（黒石寺の薬師如来の面貌の特徴は）すべて他に例がない。しかし、中央と当初の陸奥における造仏とでは、わけが違う。慈悲深い仏などということは二の次で、まず、蝦夷に対して威嚇になり味方には何よりも頼りになる仏像が必要であったろう。こうした、のっぴきならぬ気持が、この様式を生んだのではないだろうか（久野健著『日

本仏像彫刻史の研究』。傍点筆者）。

というのである。これは「平安初期彫刻史上における黒石寺薬師如来像の位置」についての論であるから、その所見を誤りだとは言わない。

けれども、この著者がいう陸奥の住民とはどういう人々をいっているのであろうか。「俘夷」とか「蛮夷」とかいうのは、『実録』が「吏民」（在庁官人）の目で言っているわけで、研究者までが吏民を住民とし、夷俘を威嚇すべき対象として向こう側にまわして見ている。そうした視線を延長し継承すると、この奥六郡に生きてきた安倍氏は、陸奥守・鎮守府将軍に抗した土着の民は住民ではないのだろうか。のっぴきならない状況は、〈おしやられていった人々〉にも言えることである。

黒石寺の薬師如来を「慈悲などということを二の次にした」仏像と見るのは妥当であろうか。「仏心とはこれ大慈悲心なり」の経文（真実言）によるならば、慈悲を措《お》いて威嚇するそれは、仏像なのかということになる。

この奥六郡の天地を世界のすべてとして生きてきた人々は、まなじりを吊り上げた薬師像を、また巨大な毘沙門天像を、自分たちを征する国府方の、父や夫の頭上に矢を射た敵側の守護仏として、いつまでも拒絶しつづけたであろうか。たしかに、余所《よそ》から入って来た者が辺民「降者の徒」を威嚇するために、彼らが祈願する仏像であったとしても、それを拒絶する人間のこころは、歳月に洗われていつか受容されてきたのではないだろうか。

こんな風に言うのは穿《うが》った見方かもしれないが、射すくめられるような眼差しも、内に威厳を秘めた仏眼に見えてくる。拝もうとする人間にとって、仏像というものはそういうものなのである。

征せられる側の俘囚・安倍氏を母に生まれ、出羽の俘囚清原氏の中に成長し、奥六郡の遺領を受けついだ清衡が、後述する中尊寺「建立供養願文」に、自らを「東夷の遠酋《おんしゅう》」と称し、伽藍建立の趣旨に同胞の冤霊《えんれい》を浄刹に導かれんことを願い、かつ全分を捧げて白河院政に恭《きょう》順《じゅん》の意を表白して、征する者との溝を埋めるべく体現した深意はそこにあったと思われるのである。

説話から「陸奥」を読む

古代みちのくの仏教文化事情を点描してきたが、見てきたところは寺院の造立であり、国家による寺格の認定保障であり、仏像や経典にかかわる話であった。そこには必ずしも人々の「信の風光」が見えてきたわけではない。大切なところは、人の話の底に沈んでしまっているから、掻き集めるしかない。それで、三つの説話をここにあげることにする。

京都の、東寺宝菩提院の蔵から天台宗中興の祖良源の史料が発見されてから、もう三〇年も経とうか。そのひとつ、『慈恵《じえ》大師絵詞末』にこんなことが書かれていた。永観二年(九八四)のことである。比叡山西塔の宝幢《ほうどう》院の造作にとりかかっていたが、その資金、砂金三〇〇〇両が不足した。良源にはそうした貯えがあるはずもなく、造作を続けたくも目処《めど》がたたない。そうした折、陸奥守藤原篤長(為長)が使いを寄越《よこ》して黄金三二両を献納して申すには、(陸奥の)国分寺に金泥大般若経があった。盗人がこの経を取って、野中で火に焼いて金にして取ろうとした。盗まれた国分寺の住持の僧が尋ねあなぐり(探し)て、ついに盗人を捕らえた。取り返したのがこの金である。般若の経文は虚《むな》しくなったけれども、残った黄金であれば仏事に充てたい、と申してきた。大師は、それでもって宝幢院の塔婆を荘厳《しょうごん》された。天然の感得、凡慮《ぼんりょ》及びがたし、と記している。

陸奥国の新田郡(宮城県遠田郡田尻町)に小松寺という寺があった。そこの僧玄海は妻子と離れ、日々に法華経八巻を読み、夜には大仏頂真言を七遍誦《じゅ》した。それを毎日の例としてきたところ、ある夜、夢のなかで自分が西に向かって飛んでいる。千万国土を過ぎて七宝池に到った。自分の姿を見ると、大仏頂真言を左の翼とし、法華経の第八巻を右の翼としていた。夢の中にひとりの聖僧が現れて言った。汝は今、極楽の辺地にいるのだ。三日経ったら汝を迎えに行くであろうと。まさに臨死体験である。玄海は蘇《よみがえ》って（黄泉《よみ》から帰って、夢から醒《さ》めて）、いよいよ真言・経典を読誦して、三年後に遷化《せんげ》したというのである。あの世の三日が現世の三年にあたる、としたのであろう。大仏頂真言とあるのは、八句の神呪のことでなくて、総《すべ》て四三九句にもなる真言を七遍誦《あ》げたのであろう（『日本往生極楽記』二六）。

その小松寺に、その昔一人の沙弥が住んでいた。名を蔵念といい、かの平将門が孫、良門の子と伝える。父の良門は金泥の大般若経一部（六〇〇巻）を書写供養した人である。この沙弥は、二四日（地蔵の縁日）に生まれたので父母は蔵念とつけたという。幼少より地蔵菩薩を念じその姿形も声も麗《うるわ》しく、人は地蔵小院と言った。常に地蔵の名を唱え悲願を讃えてひとを教え導く。人々は地蔵菩薩の大悲の化現と噂したものだ。年経《ふ》り、沙弥も齢《よわい》七〇になって、独り深い山に入って跡を消した。国の貴賤男女は入《い》る方の山を礼拝し、生身《なまみ》の地蔵菩薩であったがわれら罪重きがために、棄《す》てて浄土に帰ってしまわれたと嘆き悲しんだ、という。地蔵菩薩霊験記ということになるが、この説話の底には、大部な経の書写を尊い仏行として受けとめている人々、また地蔵菩薩の衆生済度の大悲誓願の有り難さを信受《しんじゅ》し、後世のように必ずしも人の死や墓地に係わらずに、地蔵尊に心を運ぶ姿があるように思われる（『今昔物語集』巻第一七）。

小松寺が在った宮城県遠田郡は、平泉からさほど遠くもない。こうした寺の往生伝や霊験譚を、清衡もいつか耳にしたことがあったかも知れない。安倍氏には、母の叔父にあたる人に良照という僧がいたし、『後三年合戦絵詞』を見ると、母が再嫁《さいか》した清原家の邸内に、護持僧の「五そうのきみといひける奈良法師」がいて、当主の真衡と碁などやっている。辺境の安倍氏や清原家にも、都の方からおちてきた法師などが身を寄せていたということである。そうして、このごろ都の流行《はやり》、すでに「世ノスヘ」なる様、比叡山や園城寺・興福寺などの動静も耳にする機会はあったであろう。東夷の清衡の周辺にも、仏教の受容、中尊寺造営という発想の素地はそれなりにあった。

藤原清衡とその時代

中尊寺の大檀主藤原清衡《きよひら》について、その時代と清衡の出自について触れておこう。

院政期

すでに見たように、清衡が京の関白藤原師実に馬二疋を進上したのは寛治五年（一〇九一）のことであった。そのことを『後二条師通《もろみち》記』には、清衡に「陸奥の住人なり」と注記して、馬二疋とともに文筥《ふばこ》が届けられた、それを開けてみると中には二通の解文《げぶみ》と申《もうし》文《ぶみ》が入っていたとある。「解文」は上申書である。清衡が関白に何を頼んだのかはわからないが、一通は荘園のことと推測されていて、ここから権力の中枢にいる人物との係わりも、文化を担う京貴顕《きけん》との脈絡も生まれてくる。こうして、はじめて中央政界によしみを通じたのは、清衡、三六歳のときである。

時代は、白河上皇の院政の世である（永長元年に出家して法皇になる）。すでに末法思想が都鄙《とひ》に深く浸透し、人々のあいだに浄土への憧れがひろまっていた。そして政治史的には王法（政治）と寺社勢力が、共存し交錯《こうさく》する時代でもあった。

清衡は大治三年の七月に死去した。その翌年、やはり七月に白河法皇も七七歳で崩御《ほうぎょ》された。院政をはじめてからでも四三年、法皇の死を公卿は日記に「生涯の営み、仏事に非ざるは無し」（『永昌記』）とか、あるいは「威は四海に満ち、天下帰服す」（『中右記』）などと記している。外社会にいる清衡、その中尊寺造営の動機とか背景にも、そうした「治天の君」への視線が見えてくるに違いない。

清衡の跡を継いだのは基衡で、鳥羽院の治世にあたる。そしてまた鳥羽院が崩御した翌年に基衡は夭逝《ようせい》（早世・突然死）した。つまり、三代秀衡はつぎの後白河院の時代ということになる。秀衡に至ってはじめて鎮守府将軍・陸奥守に就き、平泉が京都・鎌倉と三極の政治構図で日本史の舞台になる。奥州藤原三代の継目は、まさに院政期の白河・鳥羽・後白河の三皇それぞれの代替わりに符合するのである。

「俘囚の上頭」

清衡は、父に京藤原氏の流れを汲み、母に安倍氏の血を引いた。父の経清については、「亘理権大夫《わたりごんだいぶ》」とか「散位《さんい》」と伝えられてきた。近年になって、『造興福寺記』のなかに「経清（六奥《むつ》）」とあるところから、紛れもなく京の藤原氏の一員であって、受領として陸奥に赴任したものと見なされている。しかしその経清は〈前九年の役〉で斬首《ざんしゅ》に処された。清衡が七歳のときである。さらに〈後三年の役〉で清衡は妻子も失いながら数奇な前半生を生き延びた。

陸奥は、「如何《いか》ほどのひろき国ぞと問ひ給へば、大過の国」であった。南は白河の関から北は津軽外ヵ浜に至り、衣川の関はそのほぼ中ほどに位置する。そのうち五四郡、そして衣川以北を「奥六郡」と称した。胆沢・江刺・和賀・稗抜《ひえぬき》（貫）・志和《しわ》（紫波）・岩手と、現在の岩手県の大半を占める。それまで、俘囚・安倍氏が世襲してきた「疆外《きょうがい》」の地（外地）であった。

「平泉」という地名の初見は、三代の秀衡の時代になってからであるが、清衡は、それまでの狭隘《きょうあい》な江刺郡豊田館《たち》から出て、ここに宿館を移した。奥の大道《だいどう》（幹道）が南北に通じ、物流の大動脈北上川に面した開けた地形である。それよりも、内なる境界の衣川関を、一歩南に越えたところに開府する、それは陸奥押領使《おうりょうし》として、あるいは清衡が奥羽世界を視野に入れ他日を期してのことであったろう。

清衡は、その衣川の関路山陵に寺堂を建立した。すなわち関山中尊寺である。堂塔の造営に着手したのは長治二年（一一〇五）のことと伝えられる。清衡がちょうど五〇歳になったときである。

清衡があらかじめ用意させた（伝）「中尊寺供養願文」には、「謬《あやま》つて（はからずも）俘《ふ》囚《しゅう》の上頭《じょうとう》に居る」と述べている。それが文章をもって国に仕える藤原敦光《あつみつ》の起草であるにしても、単なる謙遜や文章の綾などでなくて、清衡自身の、深いところから発したことばとして受けとめることができる。

『吾妻鏡』にみる中尊寺

文治五年「寺塔已下の注文」

作成の経緯

平泉の歴史は、また典型的な滅亡の歴史でもある。それで、人物史においてその人間の最期の記述から遡《さかのぼ》って生涯を点描する手法があるのと同じように、ここでは奥州藤原氏の栄光に終止符をうった鎌倉幕府の記録、『吾妻鏡』の記載から中尊寺について見てみることにする。敗者の側には、纏《まと》まった形の記述史料が残らない、残っていないからである。

「史跡平泉」とか「藤原三代」に関して、中尊寺を論じる場合、だれもが引いて依拠とするのは、『吾妻鏡』文治五年九月十七日の条に収める「寺塔已下《いか》の注文《ちゆうもん》」(以下、文治の「注文」という)の記載である。

中尊寺のこと・毛越寺のこと・無量光院のこと・鎮守のこと、そして館のこと等々、その内容の豊富なこと、しかもこれが「折から平泉を臨検せんとする源頼朝に本領の安堵を求めた際、頼朝の要求によって寺塔の現状を〈巨細《こさい》に〉注進したものであるから、頼朝の目に触れる寺塔については遺漏があるとは思われない」（石田一良氏）と、その史料としての信憑性《しんぴょうせい》も認められるものであって、まさに、これなくしては「平泉」は語れない。

ところが、諸氏の論説においてこの「注文」の記述の解釈が一定しているかというと、必ずしもそうではない。これは、中尊寺創建の理念にかかわる大事なことであり、後に触れる、中尊寺「供養願文」との内容の検討にも係わってくる。それで、まず寺塔の書き出しが求められた経緯と、それから「注文」の中尊寺の項を、あまり省略せずに、本文に沿って読んでおきたい。

文治五年九月八日、源頼朝は陣ガ岡（岩手県紫波町）の蜂杜に陣して、そこから、奥州を平定したことを京に報じた。その翌日、比企朝宗を岩井郡（平泉）に遣わし、藤原三代が建立した仏閣の員数を注進すべきこと、それによって仏聖灯油田を計らい充《あ》てる旨を、かの寺々に沙汰している。十日にはさっそく、中尊寺の経蔵別当心蓮が陣所に参り、経蔵以下の仏閣塔婆は清衡の草創ではあるが、鳥羽院の御願所となって久しく、寺領や祈禱料所も宛置かれてきた。経蔵には金銀交書一切経を蔵しており、厳重の（威厳のある）霊場であるから、余所とひとまとめに処分されることがないように計られたい。寺領についた土着庶人らのことも安堵してほしい。心蓮は頼朝の御前に召喚され、そう愁訴《しゅうそ》している。なお巨細については書面でもって注進する旨を言上した。それで、この日はとりあえず経蔵の所領（骨寺村）の安堵状を付与された。

十一日、平泉内の寺々の住侶、源忠已講《いこう》・心蓮・快能らが参上した。それで、寺領のことは清衡のときに「勅願円満の御祈禱料所として」募り（寄せ）置かれたのであるから、向後《きょうご》も相違あるべからざる旨の下文《くだしぶみ》を頂戴した。

この日、頼朝は陣ガ岡を発って厨川《くりやがわ》の柵（盛岡市）に着いている。

こうして、十七日の条に「清衡已下三代造立する堂舎のこと、源忠已講・心蓮大法師等これを注献す」と記し、それで「寺領ことごとくもって寄付せられ」たこと、「壁書を下され、円隆寺（毛越寺金堂）の南大門に押すべし（貼《は》って掲示せよ）」とのことで、「衆徒らはこれを見て、それぞれ止住《しじゅう》の（住持する）志を全う」した、と記している。

その壁書にいう。「平泉内の寺領においては、先例に任せ寄付するところなり。仏聖灯油の勤め、地頭らその妨げを致すべからず」。そして「注文」を載せているのである。

寺塔已下の注文に曰く〔衆徒これを注し申す〕
一、関山中尊寺のこと。

「注文」を読む

寺塔四十余宇、禅坊三百余宇なり。

清衡、(奥)六郡を管領《かんれい》するの最初にこれを草創す。まず白河の関より外が浜に至るまで廿余カ日の行程なり。その路一町別《ごと》に笠卒都婆《かさそとうば》を立て、その面《おもて》に金色の阿弥陀像を図絵し、当国の中心を計りて、山の頂上に一基の塔を立つ。また寺院の中央に多宝寺あり、釈迦・多宝の像を左右に安置す。その中間に関路を開き旅人往還《おうかん》の道となす。次に釈迦堂、一百余体の金容《こんよう》を安んず。すなわち釈迦像なり。次に両界堂、(胎金)両部の諸尊は皆木像たり、皆《かい》金色なり。次に二階大堂(傍注)〔大長寿院と号す。(割注)高さ五丈。本尊は三丈の金色の弥陀像。脇士九体、同じく丈六なり〕。次に金色堂(割注)〔上下の四壁、内殿は皆金色なり。堂内に三壇を構う。ことごとく螺鈿《らでん》なり。阿弥陀三尊・二天・六地蔵、定朝これを造る〕。鎮守はすなわち南方に日吉社を崇敬し北方に白山宮を勧請す。このほか木本の一切経蔵、内外陣の荘厳、数字の楼閣、注進に遑《いとま》あらず。およそ清衡在世三十三年の間、わが朝の延暦・園城・東大・興福等の寺より、震旦《しんたん》の天台山に至るまで、寺ごとに千僧を供養す。入滅の年に臨んで、にわかに逆善を始修す。百カ日結願《けちがん》の時に当たって、一病無くして合掌し仏号を唱えて、眠るがごとく閉眼しおわんぬ。

一、毛越寺《もうつじ》のこと。

堂塔四十余宇、禅房五百余宇なり。

基衡これを建立す。まず金堂、円隆寺と号す。金銀を鏤《ちりば》め、紫檀《したん》・赤木等を継ぎ、万宝を尽くし衆色を交う。本仏は薬師丈六、同十二神将（割注）〔雲慶これを作る。仏菩薩像の玉《ぎょく》を以て眼を入れること、この時始めての例とす」を安んず。講堂・常行堂・二階惣門・鐘楼・経蔵等これあり。（下略）

さて、この記事の内容で、いくつかの疑問が提起されているので、それに応える形で見ていくことにしたい。

釈迦・多宝はなぜ並坐なのか

まず、中尊寺の堂塔の記述、「山の頂上に一基の塔を立つ。また寺院の中央に多宝寺あり。釈迦・多宝像を左右に安置す。その中間に関路を開き、旅人往還の道となす」についての解釈が問題にされている。

(1)「注文」の「中間に関路を開く」を信ずれば「並座《へいざ》」はあり得なく、釈迦・多宝は左右に別れて安置されていたと考えざるを得ない。関路左右に「釈迦堂」と「多宝堂」が配置されていたとも考えられるが、ここでは「中間」を仏堂の「中の間」と解釈し「多宝堂」の中央の間が通り抜けられるようになっていて、その左右に釈迦・多宝が安置されていた、と考えたい（清水擴氏）。

(2)　二像の間を通るのは無理で、それぞれが安置された二堂の間を往還したのであろう。いずれにしろ、これは明らかに「法華経見宝塔品」から見た発想である（藤島亥治郎氏）。

(3)　入間田宣夫氏は、諸氏の解釈を紹介して、次のように整理している。「一基塔」の実体はいかに。関路が開かれた「中間」の具体的なありかたはいかに。これまでは、踏み込んだ考察がなされないままに経過してきた。清水氏のかつての所説、源信によって再興された比叡山如法堂が「法華経を安置した多宝塔と釈迦・多宝とを並置した形式」、すなわち両像が「塔と対の形で」あったという指摘を引いて、それに倣《なら》って、一基塔とは法華経塔であり、その対に造営された両像並置の多宝寺との中間に、関路がひらかれたと判断することができるのではあるまいか、と入間田氏は推論しながら、「しかるに、清水氏その人によって解明された比叡山如法堂の先例が(1)の所説に）顧《こ》慮《りょ》されていないのはなぜか、いささか不審である」と述べている。

しかし、まず釈迦仏と多宝仏が並座とはいったいどういう意味なのか、その経意の理解が大切である。どこに、どう説かれているのか。経の所説から離れての推測は議論にならないわけである。所依の経典は、たしかに藤島氏の言うように「法華経見宝塔品」であり、それによっての発想具現である。が、それを読めば、(1)や(2)のような解釈は出てこない、はずなのだが。

『法華経』見宝塔品　第十一には、こう説かれている。

（「品」は、品物の種類や等級の意味のほかに、仏典の章節・段をいい、ホンとよむ。法華経二八章のうちの第一一章にあたる。）

仏の前《みまえ》に、七宝の塔あり。……地より涌出《ゆじゅつ》し、空中に住在せり。その時、宝塔の中《うち》より、大音声《おんじょう》を出して歎じて言わく。「善《よ》いかな、善いかな。釈迦牟尼世尊は能く……妙法華経をもって大衆のために説きたもう。かくの如し、かくの如し。釈迦牟尼世尊、所説の如きは、皆これ真実なり」と。

この宝塔の中には、如来の全身、有《いま》すなり。いにしえ、東方の無量千万億の阿僧祇《あそうぎ》の世界に国あり、宝浄と名づく。彼の中に仏有し、号《な》を多宝と曰う。その仏、もと菩薩の道を行ぜし時、大誓願を作《おこ》したまえり。「若《も》しわれ、仏と成りて滅度せし後、十方の国土において法華経を説く処あらば、わが塔廟《とうみょう》はこの経を聴かんがための故に、その前に涌現《ゆげん》して、ために証明を作《な》して、讃《ほ》めて、善いかな、と言わん」と。

また、云う。

その時、釈迦牟尼仏は、分身したまえるところの諸仏の、ことごとく已《すで》に来集して……宝塔を開かんと与欲《よよく》したもうを聞こしめし、……七宝の塔の戸《とぼそ》を開きたもうに、……一切の衆会《しゅえ》は皆、多宝如来の宝塔の中において、師子の座に坐したまい、全身散ぜざること禅定に入れるがごとくなるを見、また「釈迦牟尼仏が法華経を説きたもう。われはこの経を聴かんがために、ここに来至せり」と言《のた》もうを聞いた。その時、多宝仏は宝塔の中において、半座を分かち釈迦牟尼仏に与えて、この言をば作したもう。「釈迦牟尼仏よ、この座に就きたもうべし」と。即時に、釈迦牟尼仏はその塔の中に入り、その半座に坐して結跏趺坐《けっかふざ》したもう。

経典をはじめて読まれる人には、あるいは奇異なる光景に思われるかも知れない。が、宝塔が大地から涌き出たということは、現実の中からこそ真の教えが生まれ、空中にとどまって中から大音声を出すとは、時間・空間を超えた真理であることを意味している。「そうだ、そうだ、釈迦が説かれることは、みな真実だ」と証明する多宝仏は、永遠の真理そのものであり、釈迦仏はその真理を説くひとということになる。二仏が塔の中で並んで坐したということは意味が深い。半坐を分かつとは、二仏が一体であること、多宝仏と釈迦仏は、一つの真理の共通の具現者ということなのである。

もう、おわかりであろう。釈迦堂と多宝堂と左右にあって、その間に道が通っていた、などということは考え難《にく》い。あれば、それは二仏並座ではない。並座でなければ法華経のこの見宝塔品の象徴的な図相とは別である。経の所説、その主旨を離れて仏堂・仏像をわざわざ建立するだろうか。二仏は、あくまでも一つの堂（塔）の中にあってこそ意味があるのである。これは主観的な解釈の問題でない。たとえば、

①中国山西省大同雲岡石窟〔第二窟内中央三層塔・第五窟内壁面五層塔〕（五世紀）
②同　河南省洛陽龍門石窟〔古陽洞内壁面三層塔〕（六世紀）
③同　吉林省延吉（旧高句麗）半拉《はんら》城寺址出土の二仏並坐像（六世紀／東京大学所蔵）
④奈良県長谷寺の銅板法華説相図〔六角三重塔〕（七世紀）
⑤岐阜県横蔵寺の板彫法華経曼荼羅（十〜十一世紀）
⑥富山県本法寺の絹本著色法華経曼荼羅図（鎌倉時代）

といったように、中国・韓国・日本に遺存する仏画・仏像に徴しても宝塔中に釈迦・多宝

二仏並坐の様相がそのまま図絵されていて、一目瞭然である。ことにも③の、半拉城寺址から出土した像などは、二仏が並坐して内側の手を重ね、光背が一体になっている。これがつまり並坐である。

たしかに、多宝塔と釈迦塔が別々に二基立っている例も、あることはある。それは韓国慶州の仏国寺（八世紀・金大成造立）で、大雄殿の前に塔身四層の多宝塔と三層の釈迦塔とが東西相対峙《たいじ》している。けれども、これは並坐ではない。おそらく、経の――多宝如来の宝塔を供養すると、たちまち娑婆世界は清浄となった。釈迦仏が七宝の塔の戸を開けると多宝仏がその宝塔の中に禅定に入れるが如くに在《いま》して、つまり「並座」する直前の具象あるいは見宝塔品の経意を一括した図相とも解釈される。これは、『望月仏教大辞典』が「形状構造亦奇巧を極む」と解説する、新羅石塔のわずか一遺例である。

それにもし、中尊寺山上の多宝堂の中央の間が通り抜けられるようになっていたとしても、陸奥国を南北に貫く「奥の大道」の関路が、一宇の堂内を通っていたなどということがどうして想定されるだろうか。

つぎに、(3)で入間田氏が不審とされた比叡山横川《よかわ》の如法堂の例がなぜ顧慮されなかったのか、であるが、これはもと檜皮葺《ひわだぶ》き方五間の堂で、堂内に高さ五尺の多宝塔一基があって、その塔内に経筒小塔があり、その小塔の左右に釈迦・多宝の二仏、四隅に四菩薩像が安置されていた（『門葉記』）。源信はこれを改造したのであり、覚超が新たに納経銅筒を鋳造した。そうであるから、多宝塔と両像は、言われるような「対の形」には構造としてなっていないわけで、それは、一基の塔の中のことだったのであって、即、中尊寺の先例として援用するには躊躇《ちゅうちょ》されたのであろう。

それではいったい、「注文」に記す「その中間に関路を開く」は、どう解釈すべきなのか。

A　山の頂上に一基の塔を立つ。

「また」

B　寺院の中央に多宝寺あり（釈迦・多宝の像を左右に安置す）。

このAとBの二塔の、その中間に関路を開き、旅人往還の道となした。

史料を素直に読めば、こうなる。経の意をとれば、これ以外の解釈にはならない。実に明瞭であるから、これまで「踏み込んだ考察」というのもなかった、だけのことである。Aの一基の塔とは何か。最初に山の頂上に建立され、多宝寺（塔）に「対の形」になるとすれば、それは法華経を如法に書写し奉納した「如法塔」であったであろう。

つぎに、「注文」の記載「釈迦堂、一百余体の金容を安んず。すなわち釈迦像なり」もこの見宝塔品に依拠するのである。

百体の釈迦群像

この多宝仏に深重《じんじゅう》の願あり。……わが分身の諸仏にして十方世界に在りて説法したもう者を、今まさに集むべし。

その時、十方の諸仏、……告げて言わく。「善男子よ、われ今まさに娑婆世界の釈迦牟尼仏の所に往《ゆ》き、ならびに多宝如来の宝塔を供養すべし」と。

時に、娑婆世界、即ち変じて清浄となり、瑠璃を地となし、宝樹にて荘厳し、黄金を縄となして、もって八道を界《さかい》し……宝の網・幔《まく》をもってその上に羅《か》け覆い、諸の宝の鈴を懸けたり。

釈迦堂の百体の釈迦像は、つまりその釈迦の分身の諸仏ということである。分身は無限であるから、その一部ということになろう。釈迦をして釈迦たらしめる無数の仏がいる。それらをつらぬくのは法である。そして、大事なことは、この娑婆世界が即、変じて清浄な国土になり、釈迦が大音声で言う。「誰か能くこの娑婆国土において、広く妙法華経を説かん。今、正《まさ》しくこれ時なり。如来は久しからずしてまさに涅槃《ねはん》に入るべし……」と。現世浄土、娑婆即寂光土の風光が説かれる。全奥羽そのままの仏国土建設という清衡の理念は、ここにその思想としての拠りどころをもつのである。

法華経はこうして、いよいよ「本門」に入って、釈迦が本来は、永遠の生命であり真理（久遠実成《くおんじつじょう》の本仏）であることが明かされ、その教説が展開されてくる。

古寺の遺跡に佇《た》って、その創建時の伽藍を想い描くとき、礎石の寸法を計り、時代状況を考察するのと同様に、構想の下敷きにある所依の経典を読むことが大切であろう。人と神仏との係わりの深かった時代、そういう時代の先人の想いを推し量《おはか》ったり、思いかつ考えながら読むことである。

私はかつて――もう十何年か前のことになるが、当時の貫首多田厚隆師に談話のなかで、中尊寺創建当初の伽藍の構想の理解について、上に述べたような骨子で大きく誤りがないか、そして、法華経と大日如来、阿弥陀如来をどう関説すべきか、教えを請うたことがある。「注文」には、つづいて両界堂〈胎・金両部諸尊〉、二階大堂〈大長寿院と号す〉と記されていて、それとの関係を伺いたいと思ったからである。たしか、「東北臨床衛生学会」での記念講演を依頼された折であったかと思う。師説は、こうであった。

「法華経」の久遠実成の仏であり、霊山浄土の主たる釈迦如来というものは、密教の教主である大日如来と一体の法身《ほっしん》であって、それは、西方浄土の阿弥陀如来と異なるものでない。弥陀の浄土も現世十方に在るわけで、諸仏は個々別体のように見えるが、久遠の本体（本地）の応化であって、真実というものは一体である。あらゆる仏身を包含する一仏世界が顕現《けんげん》された、娑婆の辺土《へんど》即寂光浄土とうけとめることができるわけである、と。

師説

法門において師説《しせつ》というものは重要なもので、時に自説の脆《もろ》さを支えてくれる。余談になるが、亀井勝一郎の本でこんなことを読んだことがある。

「篤《あつ》く三宝を敬《うやま》え」というが、とくに生き身の僧に出会うという直接性が、信仰においては大きな役割を果たす。そういう「人師《にんし》」に出会わないということは一つの欠陥になる。暁烏《あけがらす》敏《はや》を訪ね、所信を滔々《とうとう》と述べ、談終わって引き取ろうとしたとき、「あなたの師匠は誰かね？」と訊《き》かれ、ぐっと詰まってしまった。……私の解釈は「私の自由」だといっても、「法」に対する厳密性の欠如をもたらす。

この一節が、妙に記憶にあって、それで、勧学老師の「そういうことで、誤りないでしょう」の一言が、私にとっては医学における臨床データーにも相似たような、確信のよりどころに、証明のように思われて安心したことをおぼえている。

笠卒都婆

白河の関から、一筋の白い道が北に延びていた。「奥の大道」である。昔人の脚で、そこから二〇日余り、津軽の外が浜に至る。その先は無い。定家の詠《よ》める「みちのくの卒都の浜なる呼子鳥《よぶこ》鳴くなる声はうたふやすかた」、北辺の外が浜は、卒都婆の「卒土《そつと》の浜」を意味した。とすると、その彼方はやはり化外《けがい》であり、もはや異類の世界と思われていたのであろう。

その大道に沿って、一町（約一〇六メートル）ごとに笠卒都婆を建てた、というのである。どこまでも延々とつづく卒都婆、その面には金色の阿弥陀像が図絵されていた。そうした光景を文治の「注文」は伝えている。先の多宝寺（塔）の建立と一連の事業であったとすると、建武の衆徒訴状によれば、長治二年（一一〇五）ごろのことと推定される。

同じ時代の、高野山表参道の卒都婆札とか、中御門《なかみかど》右大臣藤原宗忠の日記『中右記』の天仁二年（一一〇九）十月の熊野参詣の記事のなかに「三百町蘇屠婆《そとば》を見る」とあるのが、よく事例として引いて解説される。一町ごとに立てられる町《ちよう》卒都婆である。

けれども規模が違い過ぎるではないか。その辺をどう解釈したらいいものであろうか。

まず『中右記』の熊野参詣の記事は、山内に入る二日前から精進を始め、ひたすら諸社に奉幣し、川で水を浴びて、いよいよ滝の上坂を攀《よ》じ登り、さらに一五町ばかり巌《いわお》の畔《ほとり》を登って進む、身力尽きてふと卒都婆に目をやった。そういう状況に読まれる。翌々日、ようやく発心門《ほっしんもん》に至る。暁の空に、残りの星は林の頂きに隠れ、微《かす》かなる月は嶺の頭を過ぎる、と聖なる空間に踏み入ってきた道のりが述べられているのである。

ところが、奥の大道の笠卒都婆となると、それらの事例や、今日のわれわれの想像力をはるかに超えているので、いささか躊躇させられるわけである。

高野山の例でいえば、山上・山下あわせても二一七基とかそういう数字でおさまろう。けれども、白河から外が浜まで延々と、事実がそうであったとすれば、単純に計算しても卒都婆は五〜六〇〇〇基にもなるかもしれない。それで不安になって、一町ごととあるのは一里（約三九三〇㍍）の誤記ではなかったかと言う人もかつていたそうである。そうすると町卒都婆という概念には当たらないかもしれないが、一里ごとの場合でも、一五〇〜二〇〇基ほどにはなろう。むろん、木造であったと思われるから、一つとして今に痕跡をとどめないのも無理はない（大正四年の、辻善之助氏の講演では、「今も尚、白河の関の旧址に其の名残の一つだと称するものがあるそうであります」とあるが、詳らかではない）。

こういう話になると引き合いにだされるのが、『吾妻鏡』同月二十三日条の記事である。

豊前介（実俊）案内《あない》者として御供に候す。申して云わく。清衡、継父武貞卒去の後、奥六郡〔伊《（胆）》沢・和賀・江刺・稗抜・志《（紫）》波・岩井《（手）》〕を伝領し、去る康保《（マヽ）》年中、江刺郡豊田の館を岩井郡平泉に移し宿館となす。三十三年を歴て卒去す。両国〔陸奥・出羽〕に一万余の村あり。村ごとに伽藍を建て、仏聖灯油田を寄付す。

とある。清衡は、奥羽両国の一万余の村々に寺院を建立して、その維持費を賄《まかな》う田地も寄付した。清衡は、まさに全奥羽を仏国土となさんとした、といえるわけで、こうした観点からすれば、南北に貫く幹道に、数千の笠卒都婆を建立したということも、あり得ないことではないのかもしれない（この記事の「康保年中」とあるのは明らかな誤記で、嘉保〔一〇九四〜九六〕か康和〔一〇九九〜一一〇三〕である）。

言われるように、清衡は奥六郡を伝領した。そして衣川関を一歩南に越えた平泉の地に政治の府を構えたわけである。それは、平泉が公権に承認された地方の権力であることを意味した、と。しかし平泉以南、それも奥州の南境白河に至るまで、中央からは「王地を押領」（『古事談』二）したと見なされたわけであるから、どの程度支配できたものかということになると、実際のところはわからない。

けれどもまた、藤原三代の事蹟は時として、そうした今日のわれわれの想像の枠を越える（後にも触れるが、実際、あるはずがないと思われた事柄が現実にあったり、そういう思いをこれまでにも経験した）。この場合も、たとえば清衡の奥羽統治なり、平泉開府ということが、国家（白河法皇）の意向に沿う、というよりも公権の意思を反映したものであったとか、そういうことであれば、平泉以南の支配もあり得たかもしれない。それは清衡の陸奥における営為そのものが、白河法皇の深意に通底したものとみる視点、そうしたさまざまな想定も具体性を帯びてくるようにも思われる。

奥の大道、道々一町ごとに実際に笠卒都婆が建っていたのか、という疑問については捉え方が二つある。一つは、頼朝の陣に、その命令によって差し出した「注文」の記述だから、記載に遺漏や虚偽があろうはずはない。ことに、実際にその奥の大道をも視野に入れながら進攻してきた頼朝の陣所であり、帰途もその奥の大道を通るであろう戦勝者に、直訴するのであるから嘘が入る余地はない、とする見方である。

それと反対に、藤原氏の事蹟や由緒について詳しく記事している『吾妻鏡』の、地の文に、幹道に沿って延々と続く塔婆の記載がまったくない。また、その奥の大道を二度も通った西行にも、卒都婆に触れて書いたものはない。あるいは、弘安三年（一二八〇）の晩秋、一遍時衆《いっぺんじしゅう》の一行が、白河の関からこの道をひたすら北に歩いている。「一遍聖絵《ひじりえ》」を読む。平泉より奥の、江刺にあった祖父通信《みちのぶ》の墓参（北上市稲瀬「聖塚」）は、「薄《すすき》念仏」といわれ、聖絵のなかでもひときわ印象的な場面である。詞書には、「青塚の暮の雨に北芒《ほくぼう》の露涙を」を流し、念仏の功によって「亡魂の華池宝閣の常楽にうつり給ぬらむ」と思われた、と記している。そして帰途は「松島・平泉のかたすゝめまはりて常陸国に」出た。聖絵の野や山はもう雪である。時衆の心理の内奥までも描ききっているような絵の、どこにも笠卒都婆は描かれていない。至純な遊行者には、もはや金色に図絵された阿弥陀如来さえも捨てるべきものであったのであろうとも思われるが、あるいは実際に笠卒都婆を見なかったのかも知れない。

一町ごとの笠卒都婆についてはいささか懐疑的にもなるが、ここでは、「注文」の記載によることにしておこう。

笠卒都婆幻想

笠卒都婆は、『餓鬼草紙《がきぞうし》絵巻』曹源寺本（京都国立博物館蔵）に描かれているような、角柱に屋根を掛けて面の上部に金泥で阿弥陀尊を図絵した、そういう卒都婆であったろう。そう思って絵巻を見ていると、卒都婆の形だけでなく、卒都婆周辺に描かれている人物もあわせた光景が、陸奥の路辺にも想い描かれる。傍らに立って数珠をする女も見えてくる。僧や旅人は、道々笠卒都婆の金色の弥陀に引接《いんじょう》されて、おのずから衣川の関寺に至る、そういう構図である。野分《のわき》立つみちのくの風景になる。『餓鬼草紙』には、人の傍らにいる餓鬼が描かれている。だれもそれは見えない、それにだれも気づかない。

なにか、「冬の駅前犬過ぎ人過ぎぬけがら過ぐ」、加藤楸邨《しゅうそん》氏の冬の句（『怒涛』所収）に重なるような風景にも思われてくる。

伽藍の「信」と構造

二階大堂〔（傍注）大長寿院と号す〕〔（割注）高さ五丈。本尊は三丈の金色の弥陀像。脇士九体、同じく丈六なり〕。

二階大堂

『吾妻鏡』の慶長古活字本（北条本）には、〔大長寿院と号す〕の傍注が落ちている。この二階大堂については、昭和三十六年に遺跡発掘調査が実施された。いや、正確に言うと、大長寿院境内の北東隅、白山社能楽堂の見所《けんじょ》の南西に、四個の礎石らしい巨石が地表に露出していて、寺では「多宝塔跡」と伝えてきた。そこを藤島氏が発掘調査した結果、寺中最大規模の建築であって、これは文治五年の「注文」に記す二階大堂以外にはありえない、と判断されたのである。

建築の規模は、南北柱間《はしらま》四間で、さらに北一間ある可能性がある。東西方向も四間すべて柱間四・二一メートル《メートル》（約一四尺）である。柱筋の方位が金色堂の方位とほとんど差のないことからも同時代に建築された主堂であった、という所見である。遺跡からの情報は、報告書図面と実際に発掘調査にあたられた方の所見がすべてのベースにならなければならないが、遺跡の状態は柱礎がほかに持ち去られたり、柱下の根石も整理されたりして非常に悪く、「そのようなわけで確実な証拠はないものの」と、断った上での所論であることはいちおう留意しておく必要があろう。将来なお検討される余地がまったく無いわけではない、ということである。

文治の「注文」に依ると、二階大堂は九体阿弥陀堂であって、「建武元年の申状案」には、

嘉承二年三月十五日、人長寿院（割注）（本尊四丈阿弥陀、脇士九体丈六）を造立す。

と伝えている。文献では九体阿弥陀堂は史上三十数例あったようだが、現存するのは京都府相楽《そうらく》郡加茂町の浄瑠璃寺本堂（国宝）だけである。同寺の所伝『浄瑠璃寺流記事』によると、これが嘉承《かじょう》二年（一一〇七）に新築されたということであるから、中尊寺山上の二階大堂と京の浄瑠璃寺と、この東西、都鄙の二棟の九体阿弥陀堂が奇しくも同じ年に建立されたことになる（ただし、阿字池の西岸の現在地に移されたのは保元二年〈一一五七〉と

いう)。そうであれば、浄瑠璃寺の九体仏の姿を借りて、こちらの九体阿弥陀仏の像容を想定することができる。恰好《かっこう》の事例ということになろう。

仏像の法量からみると、浄瑠璃寺の中尊は丈六の坐像である。『往生要集』(大文第二・見仏聞法の楽)にも「或いは丈六・八尺の身を現じ」とあるように、仏像は八尺を基準にする。人間の身長を八尺(周尺)として、丈六はその倍の丈《たけ》ということである。以前は、像高は立像の髪際《はっさい》までの高さということであったが、現在は総高を像高として、別に髪際高も計るということである。それから、坐像の場合は実際には像高が半分の高さになる、ということをうっかりしている場合がある。つまり、丈六(四八五チセン)といっても、浄瑠璃寺の中尊の像高は二二四チセンであり、左右八体の脇仏・阿弥陀如来坐像は、半丈六(八尺、二四二チセン)といっても実際の像高は一三八・八チセンである。

ちなみに、日野の法界寺本尊・丈六の阿弥陀如来坐像の像高は二二七チセンであり、大原三千院の(旧往生極楽院の)本尊は来迎形の丈六三尊として著名であるが、この中尊の像高が二三三チセンである。もっとも、天喜元年(一〇五三)三月四日建立になる平等院阿弥陀堂(鳳凰堂)の阿弥陀如来坐像(定朝作)の像高は二八四チセンと高いけれども、檀主藤原頼通の家司《けいし》、平定家の日記にはこれも丈六阿弥陀仏と記されているように、丈六の寸法もそれほど数値的には厳密ではなく、ゆるやかに考えていいようである。

ふり返って二階大堂の場合であるが、まず本尊（中尊）が三丈とある。丈六の倍に近い（建武元年申状には四丈と記しているが、保留にしておく）。藤島氏は建築の専門の見識から二種の推定復原図を試案として作成提示されている。いずれも中尊を立像として推定されているのである。しかし、屋根大棟の高さが五丈（五〇尺。もし記載が正確で数値が厳密であれば一五一五センチ）の堂に、中尊が三丈（九〇九センチ）の立像とした場合、これに床高・須弥壇の高さ・台座さらに光背・頭上空間、屋根組等々の必要高を推定すると、果してどうかな、という思いがする。そのあたりを配慮して、少し史料にあたってみたい。

堂の高さ五丈というと、平等院阿弥陀堂よりなお一六〇センチほど高いことになろうか。二階大堂とある、それを字の通り解釈して同時代の事例を求めると、藤原敦光の起草になる「鳥羽勝光明院供養願文」には、瓦葺き二階一間四面堂を建立して、丈六の阿弥陀如来を安置し、さらに大日如来・十二光仏・二十五菩薩像の彫刻、そして二階には金色七尺五寸の諸菩薩、彩色の四尺五寸の伎楽菩薩像三二体を安置す、と表白している。仏像の数はともかくも、この場合は、階下の本尊が丈六仏であるから問題もないわけで、三丈の立像中尊に二階造りの構造、この二条件を総高五丈の堂に設定することは、余裕がないというよりも無理ではないだろうか。この「二階」は二階建ての意味でなくて、屋根の下に裳階《もこし》をめぐらした外観が、往詣の人々の仰ぎ見る目にはまさに重層の二階大堂と映ったのであろうと思われる。それはたとえば、中尊寺に遺存する最勝王経十界宝塔曼荼羅（九層）が、初層に裳階をめぐらしているために、よく一〇層に見間違えられたことからも言えることであろう。また京都東寺の金堂などについて、大事典に下層の屋根は裳階であると、そう説明を付す必要があることから推しても、あり得ることである。

堂の方位や外観、仏像の尊容をもう少し可視的に捉えることができないであろうか。

九体阿弥陀堂の初例は、藤原道長が造営した無量寿院（通称、京極の御堂《みどう》）の阿弥陀堂であった。寛仁四年（一〇二〇）三月に、その落慶供養が執行されている。『栄華物語』第十八「たまのうてな」には、その壮麗な様がよくうかがわれる。金堂や講堂も造立され伽藍が整備されて、この大寺院を法成寺と称した。これ以降の九体阿弥陀堂の造立には、当然、この道長の法成寺（無量寿院）にその規模規範を求めた、あるいはその影響をうけているということは容易に想像される。それは、五七年後に白河天皇の御願で成った岡崎の法勝寺伽藍遺跡が、あたかも法成寺と平等院とどちらからも影響を受けたような配置であった例からも言えることである。そして奥州の清衡は、中尊寺大伽藍一区を建立し御願寺となさんと述べた「供養願文」において、その白河天皇（法皇）に最も恭順《きょうじゅん》の意を表しているのである。そういった事情もあるから、中尊寺の二階大堂大長寿院の規模結構も、先に見た浄瑠璃寺とともに、この法成寺・法勝寺から想定するのが妥当であろう。

〔法成寺阿弥陀堂の場合〕

そこでいま、『栄華物語』の記述から、無量寿院（法成寺阿弥陀堂、御堂）に認められる要件をいくつか抽出してみよう。

○　西によりて北南ざまに東向きに十余間の瓦葺の御堂あり。

○　仏を見奉れば、丈六の弥陀如来、光明最勝にして第一無比なり。

○　左右には観音・勢至、同じく金色にして、玉の瓔珞《ようらく》を垂《た》れたり。各宝蓮華を捧げてたゝせたまへり。四天王立ち給へり。一仏の御装《よそおい》かくの如し。いはんや九体ならばせ給へる程、心に思ひ、口に述ぶべきにあらず。

○　蓮《はちす》の糸を村濃《むらご》の組にして、九体の御手より通して、中台の御手に綴《つづ》めて、

○　御臨終の時この糸をひかへさせ給て、極楽に往生せさせ給べきと見えたり。

○　九体はこれ九品往生にあてゝ造らせ給へるなるべし。

○　西日の程になれば、御堂々々の金物、所々の御はしの金物どもきらめきて、池の面に

写れるもめでたし。

といった光景を、目に浮かべることができよう。

無量寿院は、南北十余間（一一間）で東を正面とした。堂には丈六の九体の阿弥陀如来が並んで安置されていた。蓮の糸を各阿弥陀像の御手を通して中尊の御手にまとめ、臨終の際にはその糸を往生者が手に引く用意がされていた。九体というのは（上品上生から下品下生まで）九品それぞれ（の人を引接する印相）に造られていたのである。夕方になり西日が差し込むと、堂の「はし」の金色の荘厳金具が池の水面に映った。

「はし」を端と解すれば垂木の端であろうし、これも「御階《きざはし》に上りて仏を見奉るれば」とか「南の階を登り着座す」（『御堂関白記』）などの描写とあわせ考えると、階の方がふさわしいように思う。これらの描写には、物語としての文飾もあろうし、『往生要集』の説に引かれて文を成しているところも見える。けれども、伽藍の位置関係や個々の仏像については実際の光景とうけとめていいであろう。「極楽浄土のこの世に現れける」（『大鏡』第五）と見えたその法成寺大伽藍は、康平元年（一〇五八）二月に焼失したが、阿弥陀堂はいち早くに、旧位置より南に移して再建された。

〔塔影と苑池〕

白河天皇の御願寺・法勝寺は、承暦元年（一〇七七）に建立された。やはり敦光が起草した「白河法皇八幡一切経供養願文」によれば、金堂本尊は三丈二尺の大毘盧舎那仏《びるしやなぶつ》を安置し、講堂には二丈の釈迦仏と丈六の普賢・文殊、阿弥陀堂には丈六阿弥陀仏九体に一丈の観音・勢至二菩薩、綵色《さいしき》六尺の四天王像が安置されていた。薬師堂には丈六の薬師七体、さらに八角九重塔や常行・法華堂など詳述している。ただこれも三丈二尺とあるのは丈六の倍の高さという意味であろうし、その丈六とか二丈とかも、坐像であれば実際の像高はほぼ半分の高さということになろう。それにしても、伽藍復原図を見ると、阿弥陀堂は池の西畔に位置し、東に面して、南北に一一間あったようである。金色丈六の阿弥陀如来像は九体、並んで安置されていたということになる。池を挟んで金堂の大屋根の向こうに八角九重塔（再建された塔で一七丈という）が、洛東の空に高く聳《そび》えていた。東国から京に入るひとの目に、真先にこの塔が仰がれた。それは権力と信仰の象徴であって、まさに慈円が「国王の氏寺」と『愚管抄』に記した風景が見えてくる。

こうした文献と遺跡調査からの情報を、中尊寺の大長寿院（二階大堂）の想定にも基調にすべきであろう。そうすると、まず、坐像として考えた方がいいのではないだろうか。そして、中尊の左右に並んで安置されていたと見る方が無理がない。当然、堂は東に面して、南北に長い図面が引かれることになろう。堂が苑池に臨んでいることも、単に貴族の趣味、風情としてだけでない。

○まさに、専心に念を一処に繫《か》けて、西方を想ふべし。日を諦観《たいかん》すべし。〔浄土の光明を想起する手段〕(『観無量寿経』日想観)

○つぎに水想をなせ。水の澂清《ちょうしょう》（清らかに澄む）なるを見、まさに氷想を起こすべし。氷の映徹せる（透きとおった）を見たならば、瑠璃想をなせ。〔浄土の大地が平かで瑠璃地の透きとおった世界を観想する〕(同、水想観)

○池の畔、河の岸に栴檀《せんだん》の樹あり。……和風時に来たりてもろもろの宝樹を吹けば、羅《ら》網微《もうかす》かに動いて妙花徐《しず》かに落ち、風に随ひて馥《かおり》を散らし、水に雑《まざ》りて芬《かおり》を流す。(『往生要集』大文二)

○まさに浄土を欣求《ごんぐ》すべし。西方極楽は……一たび蓮胎に託しぬれば、永く生死を離れ、眼には弥陀の聖容を見たてまつり、耳には深妙の尊教を聞き……。(同、大文六)

といったように、堂は東に面し、尊仏を拝む人は西を向く。目を池の方にやると、つまり「西日の程になれば、御堂の荘厳が池の面に写れる」情景がいい。自然また水想につながる、そういう方位と情景が、観想の場には必須の要件であったわけである。

中尊寺の山上に、当時の池をもとめるとすれば、金色堂の北方（伝金堂跡前方）の平坦地が「三重池」跡とされ、寛永の古図にも画かれている。他に、金色堂の東南下がったところに大池跡があるが、いずれもこれまでの調査では推測の域を出ない所見、わからないことが多い。大長寿院（二階大堂）を、前述の伝多宝塔跡とすると、位置的にというよりも地形的に、どうも池との関係がなかなかつけにくいというのが実感である。二階大堂を想定する場合に、伝多宝塔跡が必ずしも前提になるかどうかはわからない。それを二階大堂跡と確定はしていない、ということである。むろん、先進地の例、世の中の多くの例がそうであるからといって、それがそのまま個々の実際の姿、具体的な構造を決定づけることにはならない。けれども、単なる可能性とかだけでなく、十二世紀、中尊寺創建当初の伽藍研究の現在としては、二階大堂（大長寿院）についてはその遺跡の特定、規模など未だ結論には至っていない、ということなのである。

『往生要集』の、欣求浄土、極楽の証拠、臨終行儀などについて多少触れるところはあったが、なお、後述する「新・光堂物語」の金色堂に関説して、あらためて思想的に捉えてみたい。

両界堂

『吾妻鏡』文治の「注文」には、釈迦堂と二階大堂のあいだに、

　次に両界堂、（胎金）両部の諸尊は皆木像たり、皆金色なり。

と、実はあるのであるが、奥の大道から二階大堂を、遥に望みながら歩をすすめる人々の心象風景を損なわないようにと、両界堂の所見を後にまわしたわけである。

両界堂は、「注文」に記載された堂社のなかで密教の堂と明記された唯一の堂宇で、その名称の通り金剛界・胎蔵界両部の諸尊像が安置されてあった。これを「建武元年の衆徒等申状案」の記述に比見すると、

A　天仁元年（一一〇八）金堂を建立す。……金剛王院〔金剛界大日〕

B　大教王院〔胎金両部の諸尊、皆金色の木像〕

があって、両界堂はこのうちのBの大教王院に当たるのではないか、とまず想定される。

そしてすぐ、連鎖的にそこに結び付けて思われるのが、中尊寺に遺存する黒漆蒔絵《まきえ》大壇（蓮華唐草文・重文）である。大壇というのは大曼荼羅壇《まんだらだん》で、密教曼荼羅供を修する本壇に用いられる。一辺が一二三センチの方形で、その四周側面に仰蓮《ごうれん》と伏蓮《ふくれん》の二重の蓮弁の彫刻があるところから華形壇《けぎょうだん》ともいわれる。天板に、黒漆の上に金銀の研《と》ぎ出し蒔絵で、それも、華の輪郭は金で描き、線の内には金鑢粉《やすりこ》を蒔き、葉は銀蒔き、茎は金蒔きと対比的

な趣向で蓮華唐草文をあらわしている。大壇の古い作例は少なく、しかもこのように、天板に加飾《かしょく》されたものは他に見ない。この大壇は、山内東谷地蔵院の所蔵になっている。
その地蔵院に「東谷峯世代」譜というものが伝わっている。具体的な記事については、特に疑うべき理由も無いようで、これに「初代源広　座主仁源の弟子。大教王院別当。東谷峯（補筆）。永久元年下向。瀬原里に居住。大治四年弟子源慶に別当職を譲り上京す」とある。内容を検討してみると、東谷坊住職世代譜の前に大教王院別当世代を結び付けて合成したものがこの世代譜（あるいはその原形）であったと考えられる。天台座主（四〇世）仁源は、関白師実の子、帥通の弟で、天仁二年（一一〇九）の入滅。その弟子源広が永久元年（一一一三）に下向して大教王院別当に就いたというのも、他の一切経書写始《しぎょう》行などの中尊寺創建時の事情とあわせ考えてみて無理のない所伝である。後世、地蔵院東谷坊の住持がその大教王院の管掌《かんしょう》に係わったか、そういうことがあって、この世譜が作成されたものと推定される。そうすると、本来は大教王院に在ったであろう大壇が当院の所蔵になっていることも、あり得ることである。

〔絹本大日如来画像〕

もう一つ、東京・根津美術館の所蔵になる「絹本着色金剛界大日如来画像」（重文）が、もとは仏像胎内から取り出されたものといわれ、中尊寺地蔵院住職の所持であったと伝えられていて（『国華』六六九号参照）、鮮明な彩色からもそれが頷《うなず》かれる。この画像については最近、光学的調査と様式・技法の実査に基づいて、その壮麗な作風が十二世紀の第一〔四半期〕の様式と推測され、清衡による中尊寺創建時期に都より運ばれた可能性を積極的に支持し、一一一〇年代の制作であろうとする白原由起子氏の研究がある。尊容は、五仏宝冠を頂き、垂髪《すいはつ》の菩薩形《ぎょう》で蓮華座に結跏趺坐《けっかふざ》して、智見印を結ぶ。白毫《びゃくごう》を起点として頭部周囲に黒ずんだ（銀泥）放射状の光芒《こうぼう》を発している。下の裳《も》は、踵《くるぶし》を覆い蓮華座に懸《か》かって下に垂らす。経に「大威徳あり」と説かれるように量感に富み、しかも金箔を細く切った截金《きりがね》の格子文が、彩色と相まって厳かに装飾する。あの、絹本孔雀明王像（東京国立博物館蔵・国宝）にも通じるような院政期仏画で、独尊大日如来の画像としては現存最古のものとされる。

中尊寺地蔵院住職が所持したということが事実ならば、本来これは、大教王院の金剛界大日如来尊像の胎内に在ってこそふさわしいようにも思われ、大壇と同様に、後世なんらかの経緯によって地蔵院の所有になったものかも知れない。

「中尊寺供養願文」を読みなおす

「願文」をめぐる人々

いわゆる「中尊寺供養願文」は二巻現存し、国の重要文化財指定書には、

史料としての確認

紙本墨書中尊寺建立供養願文　北畠顕家《あきいえ》筆　一巻
付《つけたり》、同願文嘉暦四年八月二十五日　藤原輔方《すけかた》ノ奥書アリ　一巻

とある。巻末の紀年と願主は「天治三年三月廿四日　弟子正六位上藤原朝臣清衡　敬《けい》白《びやく》」になっている。

① 顕家本の奥書には「この願文は藤原敦光が起草し、藤原朝隆が清書した。しかるに不慮のことがあって正本は紛失した。それで正文に擬《ぎ》してこれを書写した」と記し

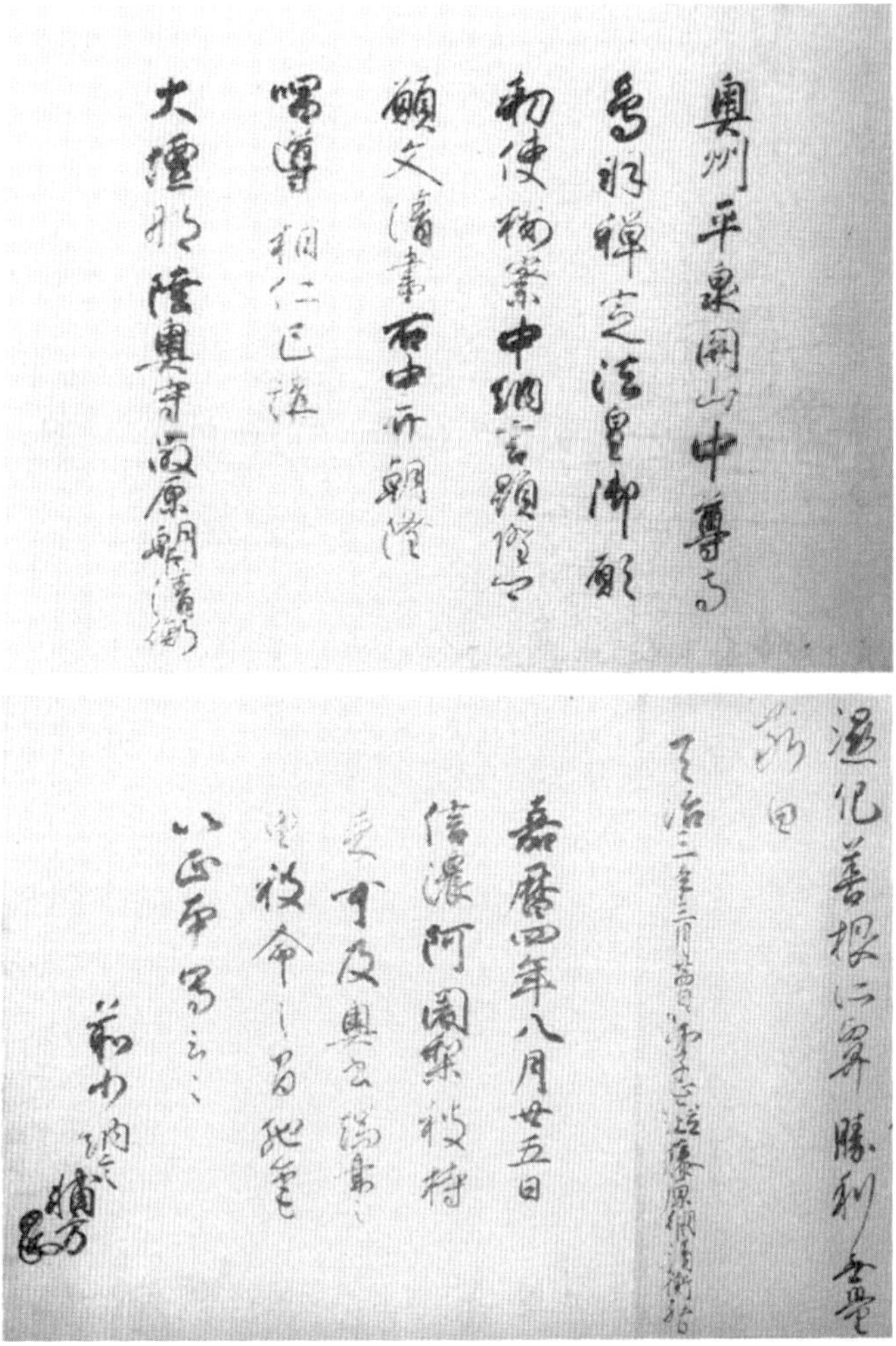

図１　「中尊寺供養願文」輔方本端書（上）・奥書（下）

ている。

② 輔方本の端書にはつぎの六行が書かれている。

「奥州平泉関山中尊寺
鳥羽禅定《ぜんじょう》法皇の御願（寺）
勅使　按《あぜ》察《ち》中納言顕隆《あきたか》卿
願文清書　右中弁朝隆
唱導　相《そう》仁《に》已《い》講《こう》
大檀那　陸奥守藤原朝臣清衡」

同じく輔方本の奥書には、

「嘉暦四年（一三二九）八月二十五日に、信濃阿闍梨（中尊寺経蔵別当行円）がこの願文を）持ち来られ、奥書と端書を依頼されたので筆を馳《は》せ（揮毫し）た。（願文というのは）正本を写し

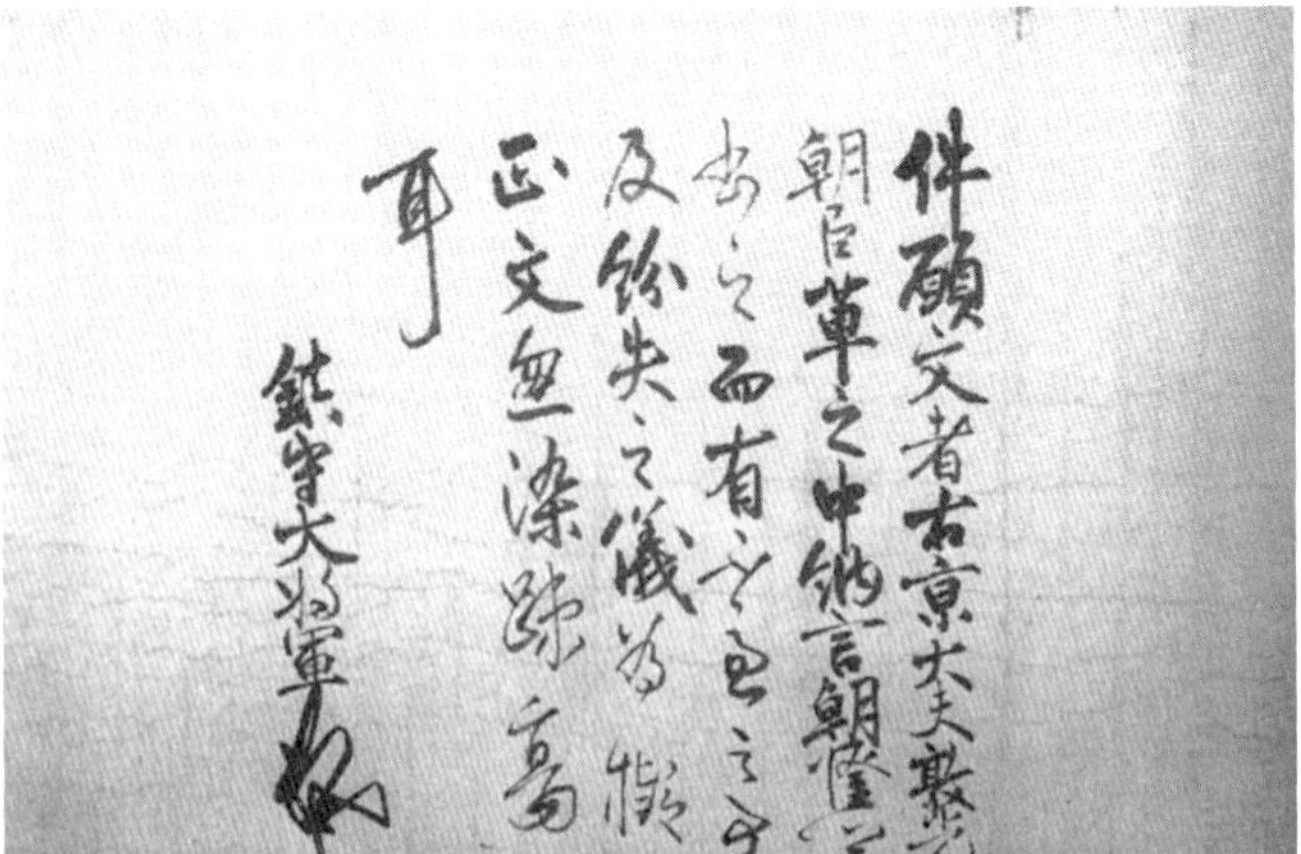
件願文者右京大夫
朝臣草之中納言朝隆
鎮守大将軍

図2　「中尊寺供養願文」顕家本奥書

たものだという」と述べている。

この願文は、中尊寺第一の史料として貴重であるが、いろいろな問題を孕《はら》んでいる。それについては、先学による論考、とくに「伝中尊寺供養願文をめぐる諸説の回顧と展望」（板橋源氏）に丁寧に解説され批判が加えられている。また、二本の成立事情については「中尊寺供養願文の輔方本と顕家本との関係」（斎木一馬氏）の精緻な研究がある。これらの論文は『平泉町史』総説・論説編にも収められている。それによって史料としての性格、問題の基本に係わる事柄だけをここに要約しておこう。

(1)　紀年の天治三年（一一二六）は正月二十二日に大治と改元されている。この願文は、あらかじめ送付された草本で、この紀年の一行は本来はなかったものと見られ、後人の加筆と認められる。

(2)　本願文の「正本」といわれるものは、実は草案であったのであろう。それは、嘉暦四年（元徳元年）以前に亡失していたようである。ただしその摸写が残っていたので、当時鎌倉で能書家として知られた藤原輔方に、この摸写に添えておくべき奥書と端書とを書いてもらった。それを後に貼《は》りついだものが今日の輔方本であろう。

(3)　延元元年（一三三六、建武三年）に、陸奥守・鎮守府大将軍北畠顕家が、おそらく輔方本によって、「正本」に擬せんがために新たに一本を書写した。その際、寺伝によって奥書を加えた。ただし、奥書の所伝が輔方本と同一でないのは、その時点ではまだ輔方の奥書・端書が現在のごとく貼りつがれていなかったためではなかろうか。

斎木氏は、一々の書体・筆癖《ふでぐせ》を厳密に検討した上で、所見を、こう穏やかに結んでいる。あらためて、起草者敦光や、清書した藤原朝隆、勅使として伝えられる藤原顕隆という人物がどういう人脈にあったか。そして、願文の字句を検証し敦光の文章であることを確認した上で、奥州藤原氏の寺堂建立ならではの個性が、願文のどこにあるのか、その辺も考えてみたい。

院近臣の藤原顕隆

まず、輔方本端書を見て、勅使は実際に平泉に下向して来たのであろうか、と関心は短絡にそこに繋《つな》がってしまいやすい。実は、なぜ顕隆なのかが大事なのであって、これはその前の行の「鳥羽禅定法皇御願」とセットで考えなければならない。当時、関白は藤原忠通である。が、もう一人、白河上皇の御所に毎夜伺候《しこう》し、時人《ときびと》に「夜の関白」(『今鏡』二) といわれたのがこの顕隆である。

顕隆は、為房の二男であるが二歳上の為隆を超えて嫡子《ちやくし》となっている。『尊卑分脈』には、嫡庶《ちやくしよ》は必ずしも年歯《としは》に依るわけではないと説明が付記されている。そして葉室《はむろ》中納言と号し、葉室流の祖となった。妻室《さいしつ》が鳥羽天皇の乳母《うば》であり、女《むすめ》は崇徳《すとく》天皇の乳母ということであるから、まさに「治天の君」白河法皇の院近臣として、権力の中枢に伺候していた受領《ずりょう》である。『中右記』に、「天下の政はこの人の一言にあり。威は一天に振るい、富は四海に満つ。世間の貴賤、傾首せざるなし」といわれた顕隆である。

その顕隆が勅使として、実際に奥州に下向したのであろうか。顕隆ほどの政治の内部に深く係わっているひとが、長期にわたって京都を離れたろうか、と疑うのも無理はない。なにせ、右大臣宗忠は、陸奥の清衡のことを「その所為の宗とするはすでに大盗たるなり」と見ていたくらいである。いや、宗忠ひとりの見方ではなかったろう。それが、華夷《かい》秩序からして当然の認識であったであろう。夷《えびす》なる陸奥の住人清衡が、何やら寺を造営して御願寺とされたいと願ってきた。それなりの根回し支度もしたであろう。しかしそれだからといって、遠く陸奥の寺院落慶供養のために、顕隆は政権の周辺を留守にしただろうか。

京の貴顕が、地方をあからさまに蔑視した風はすでに見たとおりであり、この願文のなかにも、みちのくを「徼外《きょうがい》の蛮陬《ばんすう》」（境界の外の野蛮な土俗集落）とか「東夷《とうい》」「虜陣《りょじん》戎庭《じゅうてい》」（撃って取るべき辺境の民）といった辞句を入れて文を作っている。顕隆は名家（弁官を経て公卿にいたる家格）の勧修寺の流れで、従三位右大弁に叙された程度だから、上層の摂家や精華の家筋からすれば家格も官位も低い。けれども、顕隆は若狭守から近江守に任ぜられ、その長子は出雲守、次子は讃岐守、三子は九歳で紀伊守に任ぜられる、といったように近臣受領の典型である。白河上皇は「意に任せ法に拘らず」に人事権をふるった。顕隆はその院の意を得た人物であった。その顕隆が、はたして遠路陸奥への下向を承諾したであろうか、疑問である。諸卿の日記にも、顕隆のそうした形跡はうかがわれない。

端書の記事をもう少し検討してみよう。顕隆が按察使になったのは、大治元年十二月である。また、「鳥羽禅定法皇御願」を文字通りに解釈すると、白河法皇が崩御《ほうぎょ》されたのが大治四年七月七日（七七歳）であったからそれ以降になる。「願文清書右中弁朝隆」は顕隆の弟であり、舎兄為隆の子になった人である。朝隆が右中弁になったのは、天治三年からすれば二〇年ほども後になってからである。しかしこうした詮索は、天治三年落慶供養の時点に立って考えるから齟齬《そご》するのであって、先の(2)にいう、輔方の端書や奥書の揮毫が中尊寺経蔵別当の信濃阿闍梨行円が申し述べた寺伝のままに書き認めたもの、と解釈すると、いずれも支障にはならない。大檀那清衡を「陸奥守」にしているのも、まさに中尊寺の寺伝であって、清衡は官途に就いてはいない。事実に非ざる記述なわけである。

「相仁已講」の周辺

もうひとつ気になるのは、落慶供養会の「唱導相仁已講」である。

この相仁については『僧綱補任《そうごうぶにん》』（第六）長承四年（保延元年・一一三五）の条に、

権律師　相仁（同日（五月二十四日）任。三会労。十一月二十二日入滅。五十三（歳））

とある。『尊卑分脈』にも「寺（門）・律師・上乗坊」とあるだけで、詳しいことはわからない、とされてきた。

ところが、『中右記』の長承元年（「願文」の天治三年の六年後にあたる）閏《うるう》四月十七日の条に「已講相仁」の記事があった。この日、法勝寺において千僧読経供養が執り行われた。出仕したのは「皆延暦寺の僧」で、薬師経九〇〇〇巻を、人別一二巻ずつ転読した。金堂の南面を御所として、正面に香机と散花机を設《しつら》えた。東南に関白（忠通）ほか殿上人三〇人ばかりが参入、記主藤原宗忠以下が着座した。講読師が登高座（講師は大僧都忠尋、読師は□仁法眼）。唄師《ばいし》二人（法橋維覚・好豪）。散花二人（已講相仁、隆教）、童子や（身分の低い）地下人が五、六人などと、詳しく記している。転読は午前一〇時から午後二時ごろまで続いた。咒願師《じゅがんし》は少僧都相命とある。相命は、『中右記』の筆者宗忠の末弟である。

この記事でもわかるように、相仁は僧階も高くない、差定勤仕の役も重くない、というのが私の印象である。たとえば元永元年（一一一八）における最勝寺の供養の場合を見ると、請僧三〇〇口（中尊寺願文には題名の僧三六〇口）で導師は興福寺の権大僧都永□、呪願師は東寺の僧正寛助。唄も権僧正行尊とか大僧都行勝（寺門）とかである。あるいはまた、大治二年十一月の鳥羽院高野御塔供養では、高野山長吏の権僧正法印勝覚が唱導師であった。それに比べて相仁は、天治三年の落慶供養会から九年後に権律師に補任されただけで、その年十一月に五三歳で死去している。そうすると、天治三年には四四歳であったことになる。前掲『僧綱補任』に「三会の労」とあり、天台三大法会に勤仕した已講（講師経歴者）ということではあるが、勅使を迎えるそのような厳重な法会の場に、しかも、もし顕隆が遙々の下向ということであれば、どうして唱導師が権律師相仁なのだろうか。已講相仁は、『中右記』によれば延暦寺の僧である。相命の下にいたものかとも推測される。『尊卑分脈』には寺門（園城寺）の僧と記す。史料としては、『中右記』の方が信憑《しんぴょう》性《せい》は高い。そして『尊卑分脈』には、相仁に「已講」とも記していない。

奥州の清衡が建立した寺の伽藍一区の落慶供養に、もし比叡山から呪願師を迎えたとして、少僧都相命が下向したのであれば、あるいはさして気にも止めなかったろう。もし、園城寺から迎えたとした場合、寺門には増智もいた。年齢は相仁より五歳年上といった程度であったが、僧官叙位が対照的で、これは出自が違った。増智の長兄は関白師通である。舎兄に興福寺別当尋範がおり、天台座主仁源がいる。父が関白師実である。かつて清衡が、寛治五年（一〇九一）に馬二疋を進上し、そして二通の文の入った筥《はこ》を差し出して、はじめて中央に誼《よしみ》を通じた、あの、師実である。「願文」の天治三年当時、増智は法印権大僧都であった。それなら別に違和感もない。しかし実際には、相命でも増智でもなく、咒願師は相仁と伝えられているわけである。これはあるいは洛外に出向するのだから相仁あたりでよしとされたものか、遠国「徼外《きょうがい》」につき、しかるべきひとの心意を承《う》けて派遣されたということでもあったろうか——と、再思三考していると、相仁の兄の覚宗のことが気になってくる。

「鳥羽院御願」

覚宗は、頼長の『台記』久安三年（一一四七）四月七日の条に、白山〔年来、権僧正覚宗が院宣によってこれを領す〕と見え、『本朝世紀』には、くだんの社は当時園城寺の長吏僧正覚宗が社務を執行していたところ、社領の平清水の住僧らがその支配に抵抗して、延暦寺に与《くみ》した。それで叡山の僧徒が院の御所に押し寄せて、白山社を延暦寺の末寺となすべしと嗷訴《ごうそ》した、とある。鳥羽院は、「覚宗の滅後は延暦寺の末寺とする」、そういうことで事態の収拾をはかったのである。「覚宗の滅後には」ということになると、関心は覚宗の没年がいつだったのかということになる。編年史『百練抄』（鎌倉中期成立）にもこの一件の記事があり、覚宗が仁平二年（一一五二）九月に入滅したことも記している。

覚宗は相仁の五歳年長で、『門葉記』（巻三十九）大治二年の五壇法の記事の中に覚宗以下は当時まだ皆凡僧と記されている。それが、長承三年（一一三四）五七歳になって、鳥羽院の熊野参詣の先達《せんだつ》を勤め、賞として権《ごん》律師に補任されて、翌年には熊野三山検校職《けんぎょうしき》に補され、わずか五年の内に権僧正に昇進し法印に叙されている。保延五年（一一三九）には三井長吏に任ぜられて、一気に寺門の頂点を極めた。覚宗に対する鳥羽院の信頼がいかに厚かったかということもわかる。それだからこそ、前記白山社務の一件についても延暦寺の圧力に抗して「覚宗の滅後には」と、治天《ちてん》の上皇が一個人の立場を擁護したわけである。已講相仁はそういう覚宗の舎弟であった。当時、相仁はすでに亡い。亡かったわけだけれども、中尊寺の「鳥羽院御願」という寺伝との相関は皆無であろうか。

輔方本の端書の所伝を、あらためて見てみよう。

清衡が建立した伽藍一区の落慶供養は、なされたに違いない。願文の草案も準備されていた。御願寺となすべく、しかるべき政界筋に折衝《せつしょう》もしたであろうし勅使の下向も望んだことであろう。しかし、すべてが清衡の期待どおりに実現できたかどうかは不明である。

御願寺とは、第一義的には、天皇あるいは皇后の発願によって草創された寺院、あるいは天皇家のために祈願する寺であるが、実際には「後に在所を改め、あるいは寺号を換《か》へ、また、初めは私の寺たるを後に勅願と成せらるゝ多し」と『壒嚢抄《あいのう》』に解説しているごとくである。たとえば「今朝、（後白河）上皇園城寺別院の平等院に幸す。これ長吏前大僧正（行慶）がこの堂を建立し御祈願寺に（として）寄進すと云々。よつて御幸《ごこう》す」（『山槐《さんかい》記』）などと見えるし、上皇あるいは中宮の御願もある。そして「御願寺たるは朝家の流例、仏閣の先規」、つまりそれが本来あるべき姿だというのである（『集古文書』四）。それで御願寺は国家の保護を受けて官寺的な様相を帯び、寺領は私寺的な性格を有していた。

輔方本の端書に、①白河院の近臣顕隆を勅使と伝える。顕隆の妻室は鳥羽天皇の乳母であった。②唱導は相仁已講と伝える。その相仁の兄に覚宗がいて、鳥羽院の殊なる信任を得ていた。③覚宗は、鳥羽院によってその一期《いちご》の内（生涯）北陸白山社領の領有を保証されていた。④文治の「注文」には、中尊寺の堂塔造営にあたって北方鎮守として北陸白山を勧請したことを伝えている。⑤三代秀衡が鎮守府将軍に任ぜられたのは嘉応二年（一一七〇）であるが、北陸白山社領の平清水を「平泉寺」と称するようになったのも、このころからであったらしい。

これらの事象に相関するものがあるのかどうかである。はっきりとしたことはわからないが、さらに、⑥中尊寺の経蔵別当行円が、その願文（草案）の摸写に添えておくべき端書・奥書の揮毫を頼んだ輔方にしても、彼は単に能書家というだけではなくて、勅使と伝えられた葉室中納言顕隆の八代の後裔《こうえい》であった。これとても、たまたまそういうことであったというものではなかろう。顕隆との縁につながる、つまり折り込み済みのことであったろうと思われるのである。

こう見てくると、「鳥羽院御願」の寺伝は、中尊寺が「御願寺」という超常的な権威付けの必要に絡んで、形成された寺伝であったかもしれない、という思いはのこる。寺伝のなかに、非在と実在が交錯しているように思われるのである。

「諸仏摩頂の場」

藤原敦光の父明衡《あきひら》は『本朝文粋《もんずい》』や『新猿楽記』（往来物）などの編著者として知られるが、敦光が幼少のときにすでに没している。それで敦光は一八歳年上の兄敦基の養子として育った。敦基・敦光ともに文章博士として、漢籍に通じ作文をもって国につかえた。その文章は『本朝続文粋』に多く収められている。敦光の起草になる願文・表白文には、当然のことながら中尊寺の「願文」と類似の辞句、通意の語彙《ごい》が散見される。そのいくつかをあげてみよう。

たとえば、中尊寺の「願文」に「恵眼《えげん》を廻らして照見し」と述べ、「白河法皇八幡《やわた》一切経供養願文」(大治三年)に「慈眼を廻らして照見し」という。また、「一音《いっとん》の覃《およ》ぶところ千界を限らず」に対しては「一善の及ぶところ万寿疆《きわま》り無し」と作る。「毛羽鱗介の屠《と》を受くるもの過現無量なり」と清衡が敬白し、白河法皇には「魚虫禽獣(略)屠殺を事と為す」と書く。

中尊寺の「願文」に「豈《あ》に諸仏摩頂《まちょう》の場《にわ》に非ざるや」といい、待賢門院(璋子)「白河院追善表白」(大治四年)には「烏瑟《うしつ》の頂を摩す」と記している。

「諸仏摩頂の場」とは、諸仏の功徳を直《じか》に受けられる道場のこと、尊仏がああよく来たよく来たと、詣でたひとの頭を撫でてくださる境内という意味である。

烏瑟は「仏頂」で、仏の三十二相の一つで頭頂の隆起をいい、通意の表現である。

「鳥羽勝光明院供養」(保延二年)には、さらによく似た表現が目につく。

中尊寺に「山を築いて以て地形を増し、池を穿《うが》って以て水脈を貯う」といい、鳥羽勝光明院に「山を築いて以て姑射《こや》に擬《ぎ》し、水を貯えて以て昆明に摸《な》す」と文を作している。

姑射とは、『荘子』(逍遙遊篇)に説く「雲気に乗り、飛龍を御して四海の外に遊ぶ藐姑射《はこや》の山の神人」から、不老不死の仙人の棲《す》む所の意味で、上皇の御所をいう。仙院とか仙洞御所と称するのも、この藐姑射の山からきている。

「願文」の「国母仙院は麻姑《まこ》と齢を比べ」の麻姑も、同様に神仙伝の仙女である。

なおこのほかにも、奥羽を「徼外の蛮陬」と表現しているが、後年の請状にも「穹盧《きゅうろ》の蛮陬」の辞句があり、清衡は「誤つて俘囚の上頭に居る」といい、他の文中に「誤つて前茅《ぼう》の陣を掌《つかさど》る」の表現がある。

徼《きょう》は柵（国境）で、つまり国外の野蛮な土俗といった意である。「穹盧」はアーチ形の天幕で、匈奴をいう。辺境の奥六郡の首領清衡だから「俘囚の上頭に居る」と、遜《へりくだ》っていうわけである。

このように、中央における（上皇や法皇施行の）供養文のなかに中尊寺の願文の辞句と相似た表現や類語がある、ということである。それでありながら、『本朝続文粋』になぜ「中尊寺供養願文」が収められていないのであろうか。そのあたりも、この願文の作成された経緯に係わっているのかも知れない。

敦光は後年、七〇歳のときに自らを「渉《わた》るところは万里の学路、呂梁《りりょう》を難とし、攀《はん》するところは千仞《せんじん》の文峰、蜀坂《しょくはん》を嶮《けん》とす」と書いている。天養元年（一一四四）九月、八三歳で死んだ。その最期《さいご》は「大往生人」として『本朝新修往生伝』に載せられている。文中に「語りて曰く。われ（釈迦）牟尼《むに》、善逝《ぜんせい》・上行らの四菩薩を夢見らく。世尊は摩頂す。われ思うにその列に在り」と。中尊寺の願文といい、待賢門院の白河法皇追善供養といい、「諸仏摩頂の場」の光景は、敦光における心象という要素が強かったのかもしれない。

　いずれこれで、顕家本の奥書（寺伝）のうちこの願文が敦光の起草になることについては、かつて亀田孜氏が「用語が相近いことは、敦光作と推定するのに有力であろう」とするにとどめられていたのを一歩進めて、確認されるとしていいだろう。そして願文には「その全分を捧げて禅定法皇を祈りたてまつる」とか、ひとえに「法皇の上寿に添《そ》わん」と述べている。それは、あと「十年の余算を延ばして欲しい」（「白河法皇八幡一切経供養願文」）と願った、七六歳の白河法皇にこそ捧げられる文章であろう。その翌年、法皇は崩御されて、時に鳥羽上皇は二七歳、崇徳天皇一一歳だから、そこと端書に見える人々の没年とを押さえさえすれば、「中尊寺供養願文」にいう「禅定法皇」が白河法皇をいい、「太上天皇」は鳥羽上皇であり「金輪聖主（王）」は崇徳天皇のこと、とする板橋氏の所説は、動かないものと思われる。

毛越寺伽藍説の疑問

諸説再見

「中尊寺供養願文」をめぐる、残されたかつ最も主要な問題は、これまでの中尊寺遺跡調査の結果からは「願文」の記述に該当する遺構が確認されなかったということにある。しかも、平泉の遺跡調査に携わってこられた研究者の少なからずの方が、今後の調査になお俟《ま》つにしても、中尊寺境内に該当する遺跡が確認できる可能性は少ないのではないか、という見通しに立っているらしい。

「願文」に記された寺堂苑池の内容を、項目立てするとつぎの通りである。

敬白す、建立供養し奉る鎮護国家の大伽藍一区のこと。

三間四面檜皮葺《ひわだぶき》堂　一宇〔左右廊二十二間《ま》あり〕　丈六皆金色釈迦三尊像を安置

三重塔婆　三基〔金剛宝幢三六旒《りゅう》〕　摩訶毘盧遮那如来三尊を安置
釈迦如来三尊　薬師如来三尊　弥勒慈尊三尊
二階瓦葺き経蔵　一宇　紺紙金銀字交書一切経　一部
等身の皆金色文殊師利像　一体
二階鐘楼　一宇　二〇鈞《きん》の洪鐘《こうしょう》　一口
大門　三宇
築垣《ついかき》　三面
反橋《そりばし》　一道〔二一間〕
斜橋　一道〔一〇間〕

こう見ると、これは文治の「注文」に記された寺塔伽藍とは明らかに別な伽藍である。そこで諸説が出てくるわけだが、それらを要約すると、つぎのようになる。

まず①供養願文のどこにも「中尊寺」と書かれていない。②第一、肝心の金色堂がない。③それは金色堂が三代の遺骸が納められている葬堂だから、不浄とされたためではないか。それでは、④天治三年すでに在ったはずの多宝寺（塔）や大長寿院二階大堂が記されていないのはなぜか。それは冒頭第一行に「大伽藍一区のこと」とある。当時は一区画ごとに落慶供養しているのであって、⑤金色堂やそれらの堂が含まれない一区だからであろう。それでは、⑥願文に記載されている三間四面の堂や三重塔は、いったいどこにあったのか。中尊寺境内はまだ金色堂に近い境内の一部しか調査していないのだから⑦現段階ではわからない、だけである。いや、⑧この願文はそもそも計画書によってあらかじめ作成された案文だったのではないか。実際、⑨左右の廊二二間といった堂や、二一間の反橋を想定できる平場《ひらば》、空間がどこにとれるのか。⑩金色堂の東南にある伝大池跡も比定される。しかし、そこも発掘してみたが、⑪願文に記載の堂塔池橋に見合う遺跡は絶無に近い。どうも池も未完成に終わったようだ。池が未完成なのに石組み修飾が企図されたものであろうか。大池跡も、限られた期間で限られた範囲しか調査していない。なお、伝大池跡の西岸が「小経蔵跡」と伝えられたが、これについては荒木伸介氏は、検出された遺構からは瓦も出土して、願文の瓦葺き経蔵跡とする説もあるが、⑫礎石の据《す》え方からして、（基礎を設けずに、腐食土の上に直接据えている）荷重の大きな二階瓦葺き経蔵の跡である可能性はまずない。

と推断されて、その所見の上に「一先ず、中尊寺からはなれて、願文・吾妻鏡・発掘調査結果のすべてが矛盾なく一致するものを探せば、答えは毛越寺である」として、「願文」

毛越寺伽藍説を提起された（『アガルマ』）。その論旨は次のようである。

発掘調査報告書によれば、毛越寺円隆寺は、東側回廊および鐘楼に火中《かちゅう》した痕跡《こんせき》が確認され、その上にまったく同規模の遺構が重複していた。それで、毛越寺伽藍が第一期伽藍の遺構の上に第二期伽藍が再建されて二重になっているものとして、「第一期の伽藍こそ正しく清衡建立になる鎮護国家の大伽藍一区であり、第二期が基衡による再建伽藍なのである。『吾妻鏡』文治五年九月の（注文の）記録は、基衡再建の伽藍であり、嘉禄二年（一二二六）焼亡の伽藍は再建のものである」という。第一期・願文の伽藍は清衡の死後、嫡宗権をめぐって争いがあったから、この間に焼亡したのではないかと推定し、基衡が相続して後に「贖罪《しょくざい》のため再建をおこなった」もので、「焼亡伽藍を潔斎《けっさい》する意味で再度全面にわたって玉石を敷き直したのであろう」というのである。

当初、にわかには首肯できないといっていた人のなかにも、近年はこれに引かれる所見が目につくようになった。しかし、毛越寺伽藍遺構が「願文」に少なからず相違する諸点についてはどう解釈されるのか。すでに指摘されているそうした疑問を正面に据えて解明した論はまだ見ない。

いま、あらためて問う

荒木氏の論旨に沿って毛越寺伽藍説を検討すると、

(1) 毛越寺の伽藍は清衡の死後間もなくと、それからおよそ一〇〇年後の嘉禄二年と、二度焼亡したことになる。それで東側回廊とその先の鐘楼の遺構に火痕が確認されたわけであるが、遺構のほんの一部に火痕が認められたということであるから、二度とも幸いに金堂など大部分は焼失しなかったのであろうか。あるいは潔斎のために火痕を徹底的に除去したのであろうか。

(2) 「願文」には二階瓦葺きの経蔵とあるが、毛越寺伽藍跡から瓦は一片も出土していない。当然あるべき物証が一片も出ないのはなぜなのだろうか。

(3) 「願文」には三重塔三基とある。背景の塔山にあったのではないだろうかと想像はしてみるものの、現段階では一基も確認されていない。

(4) 大門三宇はどうなるか。

(5) 「願文」の三間四面の堂の本尊は丈六皆金色釈迦三尊であったはずだが、「注文」によると、円隆寺の本尊は丈六薬師像に十二神将とある。基衡は再建の際に本尊を薬師に換えたのであろうか。寺堂の本尊を、しかも鎮護国家の主堂の本尊を再建時に変更するということは、それなりの事情が説明されなければならないであろう。

(6)　『吾妻鏡』の文治五年九月十日の条に、中尊寺の経蔵別当心蓮が頼朝の陣所に参上して　寺領の安堵を愁訴している。

——申して云う。当寺は経蔵はじめ堂塔は清衡の草創になり、鳥羽院の御願所として前々より寺領を寄付されてきたと。そして「経蔵は、金銀泥行交一切経を納められ、ことにして厳重の霊場なり」と記してある。金銀泥行交一切経が納められている、と中尊寺の経蔵別当が言上している。願文に「奉納す金銀泥一切経一部」とあるそれである。金銀字一切経はそれ以外には無い、無かったのである。大檀那藤原氏族滅というこの重大な局面において、まさに平泉を臨検せんとする頼朝の前に出て、経蔵別当が虚偽の訴えをしたであろうか。この『吾妻鏡』の記事との齟齬をクリアーしなければ、「供養願文」毛越寺伽藍説は成立しない。

こうした視点と論点は、私も十数年以前から折に触れて指摘してきた。平泉の歴史に関心を寄せてこられた地域の人たちには、これらの疑点は周知のことなのである。

中尊寺に遺存する「供養願文」記載の伽藍は、毛越寺円隆寺の遺構に比定される。いうまでもなく、比定は、同質のもの（該当する遺構）がない場合、他の類似のものとくらべて、それが（およそ）どういうものであるかと見定めること（『広辞苑』）であって、同定ではない。中尊寺のなかで該当する遺構が確認できなかった。そこで、それらしい毛越寺円隆寺の遺構と苑池に重ねてみた、それが比定であり比擬である。ひき比べなぞらえる、未決定のことを仮にあててみた、ということなのである。ところが実際には、うまく一致しない。「願文」の伽藍になんとか見通しをつけたい、そういう研究熱心からか、「願文」と遺構との相違が一致するように、どう解釈するかがしきりに思案されているようである。「願文」の、三間四面の堂の三間は母屋の桁行を指したものとしてそれに二間の廂《ひさし》が囲むとすれば金堂跡の五間四面に一致するとか、大門三宇は南大門と東の小門遺構はあったから、西にも小門があったろう、あわせて大門といったのであろうとか。反橋二一間とあるのは一一間に、斜橋一〇間が七間になっているが、これは地形上池を大きくできなかったからと考えれば——といった具合にである。しかし、さすがに瓦葺き経蔵には困ったとみえる。瓦が一片も出土しないのだからどうしようもない。それでこの具体的な相違点については保留にしたまま、本尊の相違については後世に誤称されたという説は無理であろうか——と。こうなると、設定された結論が先にあって、それに辻褄《つじつま》が合うような理由を探すといった話であるから、もはや余人には肯定も否定もできない。

私見は、天治三年の供養願文に記載されている伽藍は毛越寺伽藍であるかと問われれば、答えは「ノー」である。特別史跡・特別名勝の毛越寺庭園、その池の畔《ほとり》に佇《た》つと、広々とした史跡空間には実に趣があって、「願文」伽藍にふさわしいように私も思う。けれども、「願文」から復原的に考えて、経蔵の瓦は、都合で檜皮葺にしたのかもしれないとか、橋は地形の関係で縮小したのであろうとか、大門三宇というのは大門一宇に小門二宇をあわせてそう称したのではとか、そのように言って済むのであればすべてに説明がついてしまうであろう。遺跡調査に携わった方のあいだでも、所見に差があるようにも聞く。現時点では、遺漏のあるはずがないとされる文治の「注文」の記事に依るかぎり、「願文」に記す大伽藍一区は、毛越寺の円隆寺伽藍とは似て非なるものとしなければならない。

仮に、すべての相違を都合よく解釈してみても、まだ疑問は消えないのである。「注文」には、毛越寺円隆寺の仏像についてこう記している。基衡が仏像の造顕を企て金一〇〇両に鷲の羽とか、アザラシの皮とか、駿馬五〇匹とか、生美絹《すずしのきぬ》を船三艘《そう》とか、とにかく財幣をなげうって調達した。このことが鳥羽法皇の叡聞にも達して、その仏像を拝された。そして比類ない出来ばえであったので、洛外に出すべからずと宣下されてしまった。これを聞いて基衡は心神度を失った、という。

「願文」は、鎮護国家の伽藍であり、故白河法皇に恭順を尽くし、天治のころの「太上天皇」つまり鳥羽法皇の長寿を祈って、「御願寺」となさんと述べているのである。輔方本端書の「鳥羽禅定法皇の御願」を事実として、これを毛越寺伽藍とすると、鳥羽法皇の言はなんとも不条理なことになろう。

さらに、建武元年（一三三四）の中尊寺衆徒等申状案には、天仁元年建立の金堂（三間四面、左右の廊二二間、本尊釈迦三尊は半丈六、ならびに小釈迦一〇〇体）はじめ、三重塔三基・二階鐘楼・経蔵・大門三宇、そして金色堂などを挙げて、それらが朽ち損じて寺堂の荒廃した様子を陳情し、堂舎の復興を愁訴している。この建武元年の申状案は、訴状としての性格上、必ずしも実情が文面の字句通りであったとは言わない。けれども、文面に「願文」に相当する堂塔の記事がある以上、もしこの中尊寺衆徒申状の記事を事実に非ざる所伝、虚構と見なすのであれば、そのところから論を構築される必要があろう。やはり問題が多過ぎる。毛越寺伽藍説というのは、あくまでも比定であって未決の論である。

「見なし」の図書

ところが近ごろは、そういう学的状況に見切りをつけて、「現在『中尊寺供養願文』と呼ばれる願文は、この寺院（かりに「第一期毛越寺」と呼ぶ）のものである」と、一般向け教育普及図書のなかで、これを毛越寺の願文と結論している。「もし……とすれば」がいつの間にか省略された、いわゆる「見なし」の処理である。比定が同定・特定にすりかえられ一人歩きを始めた。思索の方法としての仮説は、検定をし尽くし、論理的にも無理がなく、実際的にも合致することが明らかになった上でこそ、学説として安定したものになるわけである。

一方、中尊寺の伝大池跡については、境内（特別史跡）全体の整備プランのなかで、慎重にかつ十分に調査されればそれでいい。過去に実際に大池跡調査にたずさわった方が、願文の伽藍跡に該当する可能性を「絶無に近い」と見ているのだから、われわれが地表の残雪を踏みながら、ただ憶測に憶測を重ねてみても、これもまた意味がない。

ただ、文永元年（一二六四）の関東下知状（「住心院文書」）によれば、平泉惣別当と中尊寺衆徒中が相論対決して、別当が堂塔の修理も加えないことを訴えている。その衆徒側の主張のなかにこうある。毛越・中尊両寺の堂社は、昔は二百四十余宇を数えたが、今は毛越寺に社殿十余宇、堂舎が　四宇、中尊寺は白山・山王社と堂塔が一六宇であると。そうすると、境内の調査はまだ十分でないということになろう。実際、数年来の予備調査（金丸義一氏ほか）でも、相当数の堂跡遺構の存在が報告されている状態なのである。

いま、「願文」の伽藍は不明のなかにある。

「本に書かれたものは、書かれなかったものの、氷山の一角なのだから」（開高健）。そう、時代の変遷のなかで、歳月に洗われて、たまたま地形の攪乱《かくらん》を免れた遺構や、一片の紙に記された文字史料からわれわれが得られる情報も、それは歴史における実像の氷山の一角に過ぎないわけである。したがって、推論も無理があれば、「虚を束ねて歴史とする」（幸田露伴『運命』自跋）ようなことにもなりかねない。そうならないようにしたいのである。

「願文」の歴史的個性

起草者はたしかに文章博士の敦光である。けれどもそれは、清衡の願意と寺堂の規模を京に伝え、おそらくは院の近臣顕隆のあたりから根回ししてもらって、内諾を得た上で、敦光が清衡の意図を汲んで起草したものであったろう。したがって、この願文には、他の敦光起草の願文とは異なった視点、あるいはこれは〈転向〉したのか、と思われる一節がある。そこでまず、構文を分解すると、

冒頭より、建立堂塔の規模・尊仏・荘厳について記すのは、一般的な文型である。

「以前の善根の旨趣《しいしゅ》は、ひとえに鎮護国家のおんためなり」は建立の趣旨。

「東夷の遠酋」と清衡を称したのは敦光の造語であろうが、貴顕共通の視線でもある。

「官軍夷虜」というのは、中央が地方を撃ちて取る認識であり、明治の前日まで国家権力者の座を征夷大将軍（東北を征する者）と称してきたのと共通の意識観念である。

「杖《じょう》郷《きょう》の齢を過ぎ……財幣の涓露《けんろ》をなげうって」は、清衡の文から引用したのかも。

「龍虎《りゅうこ》宜《よろ》しきに協《かな》い、即ち是れ四神具足の地なり」は、それこそ風水の思想である。

「薫修《くんじゅう》は定《さだ》んで法界に遍《あまね》し、素意はなんぞ悉地《しっち》を成《じょう》ぜん」は、願文の常用仏語。

「その全分を捧げて、禅定法皇を祈り奉る……」以下が、法皇への恭順の表白である。

というようになる。しかし、それもこれも措《お》いて、この願文の真価は、次の一点にある。

　二階の鐘楼一宇、二十鈞の洪鐘一口を懸く。

　右、一音《いっとん》の覃《およ》ぶところ、千界を限らず。苦を抜き楽を与えること、普《あまね》く皆平等なり。官軍夷虜の死事、古来幾多なり。毛羽鱗介の屠《と》を受くるもの、過現無量なり。精魂はみな他方の界に去り、朽骨《きゅうこつ》はなお此土《しど》の塵《ちり》となる。鐘声の地を動かすごとに冤霊《えんれい》をして浄刹に導かしめん。

大梵鐘の鐘声は、限りなく遠くまで響き、人みな等しく苦界から救われたい。官軍とか賊軍の差別もなく、いや、人間だけでなく獣や鳥や魚介類さえも、生きとし生けるものみな、死して魂は他方界に赴き、朽ちた骨だけが残って塵となる。梵鐘が大地を動かして響

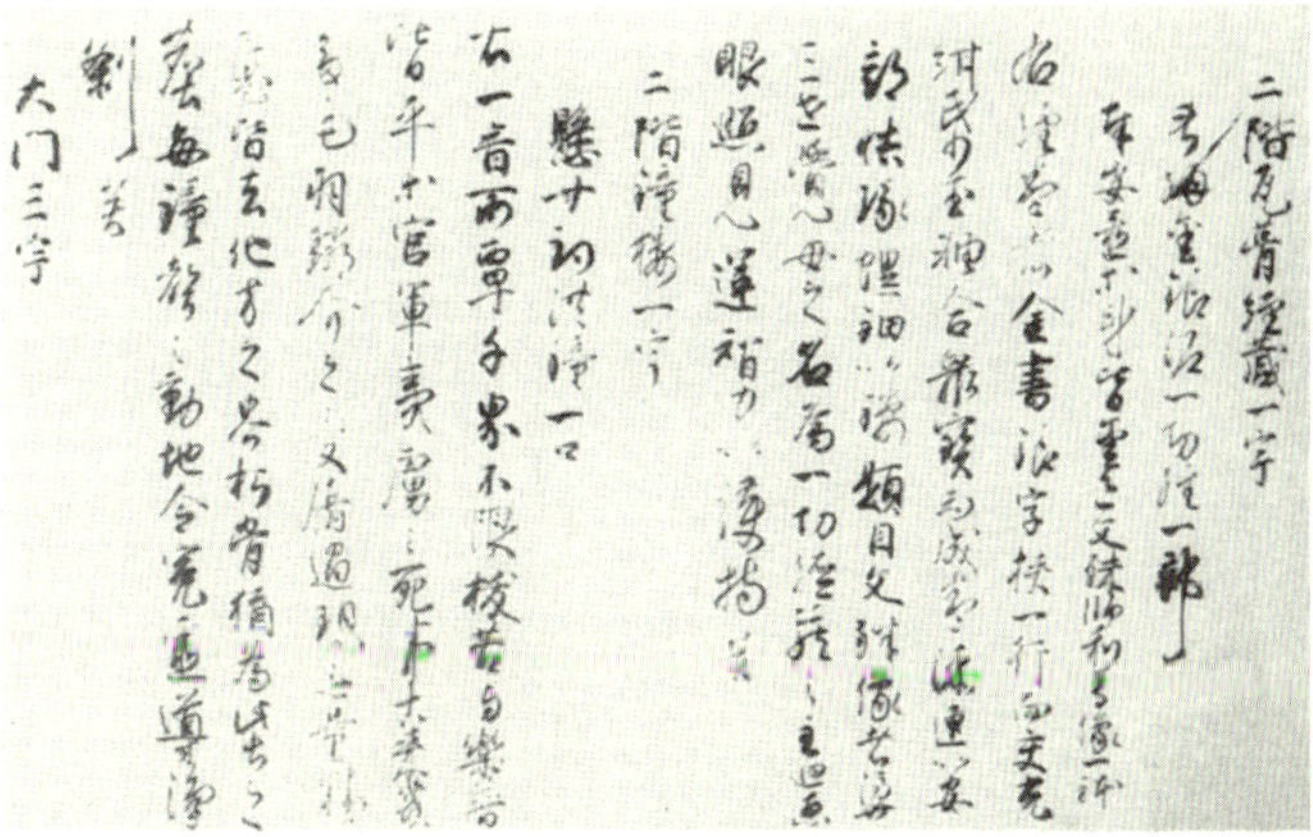

図3　「中尊寺供養願文」二階経蔵・二階鐘楼部分

くごとに、冤霊＝故《ゆえ》無くして罪なくして命を落とした人々の魂を浄土に導かれんことを。

ここには、冤霊を「戦死者の霊」とあからさまには書いてはいないけれども、それ以外の意味ではない。そうするとつまり、征夷の名のもとに征せられて死んだ奥羽の人々、前九年・後三年の戦禍に命を落とした兵《つわもの》への、敵味方の別なく鎮魂を願う、それが清衡の寺院建立の趣旨のひとつであったことが理解されよう。

そして、この願文を起草した藤原敦光は、文をもって国家に仕える公人であるということ。その国家に仕える公人が、戦没者の霊を、英霊と讃えることはあっても、「冤霊」と言い切ったこのような例は前代未聞であろう。これ以後においても聞かない。これは単に字句の表現の問題ではなくて、国家と個人との認識にかかわる重要な一点である。敦光の他の文例からして、もしこれが敦光自身の心情から発露した辞句であるなら、まさに敦光の思考変換（転向）に値しよう。しかしそうとは思われない。とすれば、これは清衡の強い要請によって、願文のなかに組まれる要件であった、ということにはならないか。敦光も、さすがに冒頭あるいは後半の願旨を滔々《とうとう》と表白するところは、ひたすら鎮護国家、白河法皇の上寿を願い恭順の意を強調する段であるから、そこにもってきて冤霊云々というのは憚《はばか》られたのであろう。以前の（以上述べた）善根の旨趣、「右……」が七項目ある中の四番目に「右、一音のおよぶところ……」とさりげなく述べているのも気配りであろうか。

いずれにしても、「冤霊」の鎮魂を願文にかかげた、その意味においてこそ、中尊寺の供養願文は、極めて歴史的といえよう。中尊寺の寺観を関寺であり御願寺であるという。しかも「鎮魂の寺」と位置づけられるのは、この「冤霊」の二字があるからである。

新・光堂物語

金色堂

この堂が建立されたのは、天治元年（一一二四）八月二十日であった。棟木《むなぎ》の墨書銘にそう書かれている、ということはこの「建立」は竣工でなく上棟《じょうとう》である。これから屋根を葺《ふ》く、宝珠・露盤をあげる、四方の壁・扉や回り縁の造作、そして内陣の天井や四天柱の荘厳《しょうごん》にとりかかるわけであり、大工棟梁の物部清国ほか、金工・漆工に螺鈿《らでん》細工と専門の小工一五人も入ってくる。現場の需要に応じる鍛冶も二人いた。

皆金色の堂

施工仕様は、「皆金色《かいこんじき》」という他にまったく異なるものである。堂の内外すべてに布着《ぬのぎ》せし漆を塗り、最後に金箔を押して仕上げになる。大檀那《だいだんな》の清衡《きよひら》や妻室平氏はむろんのこと、大工や大行事の山口頼沂にとっても、見るも作るも初めてのことばかりである。時に、清衡六九歳、卒去する四年前である。あるいは、すでにその身体に不自由な症状があったかもしれない。この御堂に、固有の堂名はまだ無かった。

「金色堂」という名称は、それからおよそ五〇年後の安元二年（一一七六）三月十六日の、紺紙金字法華経巻第八の奥書に、

奥州磐井郡　関山中尊寺金色堂　所天聖霊《しょうりょう》藤原基衡
大檀主鎮（守）府将軍藤原秀衡　講師伝燈大法師

と見えるのが初見である。当初は、御堂《みどう》とか光堂《ひかりどう》（阿弥陀堂）と呼称していた、のかもしれない。「所天聖霊」の所天とは敬う人の意で、臣が君主を、子が父母に、妻が夫に対する詞《ことば》で、ここは秀衡が、亡父基衡の二〇年忌にあたり、尊霊追善のために紺紙金字法華経を書写し供養することをいう。

本尊・阿弥陀如来坐像に、脇侍は左（向かって右）が観音菩薩、右（同左）が勢至菩薩の、弥陀三尊である。三尊を中央にして、その左右にそれぞれ三体ずつ六体の地蔵尊が、左掌《て》に宝珠を持し右手を垂下《すいげ》与願印《よがんいん》を作って列立する。最前列には、四天王のうちの持国・増長の二天が憤怒《ふんぬ》の形相《ぎょうそう》を示して、この仏界を守護している。金色堂独特の仏像構

成である。

建築は、三間《ま》四面の宝形造《ほうぎょうづく》りで、堂は東に面しているから、拝む者は自ずから西の方位を向くことになる。文字どおり西方阿弥陀如来の極楽浄土、皆金色の阿弥陀堂を眼前にして拝んだわけである。

阿弥陀如来の名は、サンスクリットのアミターユス（無量寿）とアミターバ（無量光）の二つの原名の音写語で、無量光仏だから阿弥陀堂をまた光堂ともいうわけである。

一般に、堂の呼称は大日堂・薬師堂・地蔵堂・弁天堂などのように本尊によるものと、講堂とか経蔵・開山堂のように目的や機能によった呼称がある。奈良時代のたとえば法隆寺金堂などという金堂は、伽藍の中心となる主堂仏殿をいい、寺院の本尊を安置する。それが平安の中ごろから、その前の方に法会の空間がつくようになって、それを区別して本堂と言ったようである。

「金色堂」という名称はそれらと異なって、堂の内外四壁が金色燦然《さんぜん》と光る印象によったものと説明される。内陣だけでなく、扉も回廊も、垂木《たるき》から屋根まで、堂のすべての構造部材が素地《きじ》に布着せして漆を塗り、金箔を押して荘厳された、皆金色の堂であった。

しかし、金箔を押して荘厳しなくとも、この堂は間違いなく光堂なのである。

「七宝の柱」

大正十年五月、泉鏡花がこの堂に佇《た》って、その印象をこう書いている。

唯、階《きざはし》の前の花片《はなびら》が、折からの冷い風に、はらはらと誘われて、さっと散って、この光堂の中を、空《そら》ざまに……黄金の巻柱の光をうけて、ぱっと金色に翻《ひるがえ》るのを見た時は、思わず驚嘆の瞳を瞠《みは》った。

床も承塵《なげし》も、柱は固《もと》より、たたずめるものの踏む処は、黒漆《こくしつ》の落ちた黄金《きん》である。黄金の剝げた黒漆とは思われないで、しかも些のけばけばしい感じが起らぬ。さながら金粉の薄雲の中に立った趣がある。われら仙骨《せんこつ》を持たない身も、この雲はかつ踏んでも破れぬ。その雲を透《すか》して、四方に、七宝荘厳《しっぽうしょうごん》の巻柱に対するのである。美しき虹を、そのまま柱にして絵《えが》かれたる、十二光仏の微妙なる種々相は、一つ一つ錦の糸に白露を鏤《ちりば》めた如く、玲瓏《れいろう》として珠玉《しゅぎょく》の中にあらわれて、清く明《あきら》かに、しかも幽《かすか》なる幻である。その、十二光仏の周囲には、玉、螺鈿を、星の流るるが如く輝かして、宝相華《ほうそうげ》、勝曼華《しょうまんげ》が透間もなく咲きめぐっている。

この柱が、須弥壇《しゅみだん》の四隅にある、まことに天上の柱である。須弥壇は（三）四座あって、壇上には弥陀、観音、勢至の三尊、二天、六地蔵が安置され、壇の中は、真中に清衡左に基衡、右に秀衡の棺が納まり、ここに、各一口《ひとふり》の剣を抱き、鎮守府将軍の印を帯び、錦袍《きんぽう》に包まれた、三つの屍《しかばね》がまだそのままに横たわっているそうである。雛芥子《ひなげし》の紅は、美人の屍より開いたと聞く。光堂は、ここに三個の英雄が結んだ金色の果《このみ》なのである。

謹んで、辞して、天界一叢《いっそう》の雲を下りた。

階を下りざまに、見返ると、外囲《そとがこい》（鞘《さや》堂）の天井裏に蜘蛛《くも》の巣がかかって、風に吹かれながら、きらきらと輝くのを、不思議なる塵《ちり》よ、と見れば、一粒《りゅう》の金粉の落ちて輝くのであった。（岩波文庫『鏡花短編集』より）

「非在と実在が交錯しあう幻視《げんし》の空間を現出させる鏡花文学」である。が、昭和の大修理（昭和三十七〜四十二年）以前の金色堂を知っている人には、まして、あの薄暗い一種特異な堂の内に踏み入った経験がある者にとって、臨場感をこれほど的確に書いたものをほかに知らない。この堂の本質を衝《つ》いているように思うのでここに引いた。

いま、経典をひもといてみる。阿弥陀経でなく法華経〈五百弟子受記品第八〉に、

七宝を地となし、地の平かなること掌《たなごころ》のごとくにして……七宝の台観《たかどの》は、その中に充満し、諸天の宮殿は近く虚空に処し、人《にん》と天と交接《きょうしょう》して両《もろ》ともに相見ることを得ん。……普く皆金色にして、三十二相をもって自ら荘厳せん。

という箇所があった。これは鳩摩羅什《くまらじゅう》の訳のなかでも、とくに名訳のひとつとして知られるところである。

恵心僧都源信も、『往生要集』第二〔欣求《ごんぐ》浄土〕にこれを引いて関説している。

かの西方世界は、楽を受くることきわまりなく、人天交接して両に相見ることを得、慈悲、心に薫《くん》じて、互いに一子のごとし。……あるいは宝池の辺に至り、新生のひとを慰問す。「汝知るやいなや、この処を極楽世界と名づけ、この界の主を弥陀仏と号したてまつるを。今まさに帰依したてまつるべし」と。

鏡花は、「聖書」の知識もそれなりに身についていたろう、といわれる。仏書を読んだかどうか、私は知らないけれども、法華経の、『往生要集』のこの「人天交接」のこころを知っていて天界に踏み込んだのではないだろうか、そういう印象をうけた。単なる修辞の域を超えている。

これが、例の、『吾妻鏡』文治の「注文」には、

皆金色堂〔上下四壁、内殿は皆金色なり。堂内に三壇を構う。ことごとく螺鈿なり。阿弥陀三尊、二天、六地蔵。定朝これを造る〕

とある。同じ「鏡」でも、写し出された映像が大分違う。むろん、「注文」の方は見える

とおりの事実を記せばいいわけであって、しかも切羽詰まった状況での書き出しであった。『吾妻鏡』のとくに平泉に関する記述は、文学的であり印象的であるといわれるが、むろん近代の文学と比較すべきものではないにしても、それは書いた目的の違いとか、表現・イメージの差だけでなく、鏡花における、巻柱を「天上の柱」と見、「謹んで、辞して、天界一叢の雲を下りた」と実感する己心中《こしんちゅう》の意識が問題である、問題にしたい。金色堂をただ文化財として説明するのでなく、光堂として語るとき、それはとても大事なことである。心を仏に接しないで仏堂に入り何かを語っても、空論になりやすいからである。

無量寿経には、弥陀の四十八願、とりわけ一切の衆生を済度しないではおかないという大誓願を立てて約束している。そして、観無量寿経には、その弥陀の浄土を観想する体系が説かれている。その趣意を取って読むと、

世尊よ、穢《けが》れと苦しみの末法の世に、どうしたら阿弥陀仏の極楽世界が見られますか。心を集中して、西方、日没の大きくやわらかな光を観想しなさい。妙音の楽土、宝石の樹々、金色の光明が涌き出で、左の蓮華に観世音菩薩が、また、右の蓮華には勢至菩薩が見えます。無量寿仏の背後の円光は百億の三千大千世界のように大きく、光明は十方世界を照らして、仏を思い念ずる衆生を摂取《せっしゅ》して捨てることはない——。

と、こうある。阿弥陀仏の真の姿を観想する、思い念ずる、如実に見るのが念仏であり、極楽浄土は無限の彼方に形あるごとくに説かれている。しかも、世尊は微笑《みしょう》してこう言われた。「阿弥陀仏の世界は、ここを去ること遠からず」と。

金色堂は、七宝合成の弥陀の浄土を、工芸・建築で現出しているのである。そういう浄土に生まれたいと信心を得た人は、臨終に弥陀の来迎にあずかり、みな一処にあいまみえる、阿弥陀経にはその「倶会《くえ》一処」を説いている。

法華経と阿弥陀如来の係わりについては、〔化城喩品・第七〕にこのようにいう。

「十六の菩薩は常に楽《ねが》って妙法蓮華経を説く。……彼の仏の弟子の十六の沙弥《しゃみ》は十方の国土において現在、法を説きたまい、……西方の二仏のうち一をば阿弥陀と名づけ、第十六番目が釈迦牟尼仏で、娑婆国土において阿耨多羅三藐三菩提《あのくたらさんみゃくさんぼだい》を成ぜり」と。つまり釈迦も阿弥陀も法華経を説いたとある。浄土往生についても、「ここにおいて命終して、すなわち安楽世界の阿弥陀仏の、大菩薩に囲遶《いにょう》せらるる住処に往きて、蓮華の中の宝座の上に生まれん」と、〔薬王菩薩本事品・第二三〕に説いている。こうなると法華経は、「南無阿弥陀仏」の六字の名号を広説したものであり、念仏は法華経を六字に縮めたもの、弥陀の慈悲は法華の顕れといわれるのもわかる。

極楽の証拠

浄土教所依の経典のみならず、顕密の教えのなかに、大集経《だいじっきょう》や薬師経にも、如意輪陀羅尼経・仏頂尊勝陀羅尼経に、起信論ほかの論書にも、ひとえに阿弥陀仏を念ずることを勧め、もっぱら西方極楽世界を求めよと説く。

なぜ、ほかの浄土でないのか。なぜ、ひとえに西方を讃えるのだろうか――。

それは諸仏の浄土に差別があるわけではないが、一つ所に絞《しぼ》って専心された方がいいから一仏国土を勧めたので、なぜ阿弥陀の浄土かといえば、天台の『浄土十疑論』にも言うごとく、阿弥陀仏には、とりわけて大悲の四十八願があり、われわれ衆生を引摂《いんじょう》したもう。かの仏の光明は、遍《あまね》く法界の念仏の衆生を照らし、摂取《せっしゅ》して捨てたまわずと。ことにも末法の世においては、阿弥陀仏と、この世界の極悪（凡夫）の衆生とは、ひとえに因縁があるのだということを知る。

般舟《はんじゅ》三昧経にもこう説かれる。釈迦牟尼仏が言った「この阿弥陀仏は、とくに娑婆の衆生と縁あるをもって、まずこの仏に心を専らにして称念すればいい」と。

西方の弥陀には引摂（迎えに来られる）の願あれども、兜率天《とそつてん》の弥勒仏にはそういうことはない。しかも摂取して捨てるということがない。無数の化仏や観音・勢至、二十五菩薩が擁護《ようご》してくれる。しかも、人倫や仏道に逆らって五逆の罪を犯してしまった、無間《むけん》地獄に堕ちるような極悪の者も西方に生まれることができる、と説かれているのだから――。

と、源信が『往生要集』に一々典拠をあげて説く、これが「極楽の証拠」（弥陀の西方極楽を勧める証拠）である。

金色堂は、言うまでもなく阿弥陀堂であり、光明あまねく衆生を照らし捨てたまわない弥陀の「光堂」なのである。

清衡の最期

高野山金剛峯寺に所蔵されている「中尊寺経」の紺紙金字法華経巻第八の奥書に、

大治三年〈戊申〉八月六日、平氏、藤原清衡尊当三七日（二十一日）のために、一日の内に書写しおわんぬ。

とある。清衡の死後三七日《さんしち》にあたって、法華経一部を一日の内に書写し供養した。写経の功徳を清衡の追善に向け（回向）て、供養するのである。八月六日に書写したものと解釈すれば、それから金泥を瑩《みが》いたり、装幀《そうてい》して納経できるのは後日、たとえば七七《しちしち》（四九）日とかになる。いずれ、八月六日が三七日にあたったというのであるから、逆算すれば、七月十六日に亡くなったことになる。亡くなった日を入れて起算するのは今も同じである。

その月の内に、清衡の死は京都にも聞こえていた。右大臣藤原宗忠の日記『中右記』目録の同月二十九日の条に、

去る十三日、陸奥の住人清平〈衡〉、卒去すと云々。〔七十三〕

と、ただこの一行だけであるが風聞を記録している。奥州の清衡の死が京の公卿《くぎょう》の間でも話に出た、ということは晩年にはそれほど存在が知られていたということである。

清衡の遺体は、漆塗金箔押し木棺いわゆる金色の柩《ひつぎ》に入棺して、内陣の床上・須弥壇の中におさめられた。事実経過からいうと、その時点から金色堂は葬堂ということになったわけで、紛れもない皆金色の霊廟ということになる。それで二代基衡が夭逝《ようせい》したとき、秀衡は中央清衡壇の脇奥に壇を増設して、祖父清衡の例に準じて棺を納め、法華経を書写し供養したのが、先の安元二年の「金色堂」と書いた奥書である。

ここにまた、金色堂をめぐる諸氏の議論があるわけである。

(1)金色堂は、阿弥陀堂か葬堂か。
(2)阿弥陀三尊のほかに六体の地蔵尊が列立しているのはどう解釈されるか。
(3)左の壇に基衡、右の壇に秀衡と伝えるが、それはどちら側からみての左・右なのか。
(4)その両脇壇の制作は同時か、それぞれの死亡年時に応じた年代差が認められるのか。

(5)寺伝による壇の秀衡・基衡の呼称と、昭和二十五年における御遺体調査の結果提起された「寺伝錯誤」の問題はどう整合されるのか。今日のデータ分析ではどうか……。

こうした問題も論議されて久しい。それぞれ先学が専門的な視点と学識経験から、所見考証を重ねてきたわけであるが、問題が解明され、あるいは一定の見通しがたったものもあるけれども、いよいよ複雑な様相を呈して、これ以上なんとも動きがとれないような状況に嵌《は》まり込んだものもある。なぜなのか——。

(1)から(5)までの問題は、諸問題と言ったけれども、互いに影響しあい証明し関連する、これは複合の問題であり、それぞれは問題の一側面を成すのである。

清衡の最期《さいご》を、「入滅の年に臨んで、にわかに逆善を始修し、百カ日結願のときに当って、一病もなくして合掌し仏号を唱え、眠るがごとく閉眼しおわんぬ」と文治の「注文」は記している。清衡の最期は大往生だったように寺では伝えてきた。これについても、昭和二十五年の御遺体調査の結果、清衡は晩年、脳卒中で倒れて半身不随の状態であったことがわかった。これは、『中尊寺御遺体学術調査　最終報告』掲載のレントゲン写真図版で見ても、左腕・左大腿骨に骨萎縮《こついしゅく》がはっきりと認められる。細く脆《もろ》く、軽石のようになっている。脳溢血か脳血栓が右側にきて、それで左側に半身不随をきたしたものと診断された。

往生伝再見

清衡の死とその遺体処置の意味について、よく、即身成仏の例や高僧の往生譚などを引いて論じられることがあるが、これはやはり同時代の、しかも「身は俗塵《ぞくじん》にありて、心は仏界に帰」した類例とあわせ考えるべきであろう。それでなお、二、三の事例を見ると、

(1) かの道長の最期は「本意《ほい》のさまにてこそ」(極楽往生の本願どおりの有り様にこそ)と、阿弥陀堂に移って「臨終念仏おぼし続けさせ給」い、よく知られるように、阿弥陀如来の御手から引いた五色の糸を握って、九日目に失せさせられた(『栄華物語』)。清衡の死は、それから一〇〇年後のことである。

(2) 源頼義は、いわゆる前九年の役(奥州十二年合戦)に鎮守府将軍として征夷の任にあたった。殺生をもて業としたので、後に六条坊門北、西洞院の西の地に堂を建立した。件《くだん》の堂「戦場死亡の者の片耳を切あつめて、ほして皮古二合に入て持て上たりけるを、件の堂の土壇に埋めると云々。よって耳納《みのわ》堂と云うなり」(『古事談』巻五)。罪障を悔い多年念仏し、ついには出家した。承保《じょうほ》二年(一〇七五)七月十三日に卒去す。多くの人が頼義の往生極楽の夢をみて、十悪五逆の人もなお迎接《ごうじょう》を許されることを知った。(『続本朝

往生伝』)

(3)　信濃守藤原永清は、永長元年(一〇九六)に六十余歳で死去している。「死なん時、すでに近くして」出家(の願望)心にあり。舎弟の已講(行賢)に云く。「人の葬礼は無益な奢《おご》りなり。わが没後、厚葬を営むことなかれ」と。棺器を作りて、死なむ時を待った。黄昏に至り、異口同音に念仏合殺《かっさつ》し、礼拝して終えた。(『拾遺往生伝』)

〔「例時作法」は阿弥陀経・中念仏・合殺・回向と次第するが、この合殺の殺は音程の「商」の高さで、「阿弥陀仏」を唱和し、行道し句ごとに散華する行法をいう。〕

(4)　近い例は、清衡に書士として仕えた散位道俊という人の往生伝がある。「東夷に委ねるといえども、望みを猶《なお》し西方につなぎ、旦夕《たんせき》に弥陀仏を念じ、あるいは観音経を誦す。かねて命期《めいご》を知り」、ひとり持仏堂に入って、西を向いて臥《ふ》し、念仏して入滅した――と。天承元年(一一三一、清衡没して三年後)のことであった。(『三外往生伝』)

(5)　また、供養願文の起草者・式部大輔藤原敦光の最期はこう伝えられる。天養元年(一一四四)夏に病して命期を知り出家した。帝王の師もつとめたので、もはや遺恨はないと左右の者に語った。そして夢に、世尊に摩頂された列に自分もいたという話であった。一生の間に、深く仏法を信じ、法華経を転読すること、造仏写経も挙げて録するにいとまない。すでに寿命の尽きるを知って二十余日のあいだ食を断ち水火を絶った。もはや観音・勢至の来迎を待つのみであった。

臨終に善知識（中川聖）にあい、八斎戒を受けて光明真言を受誦し、伽陀《かだ》（声明）で「願我臨欲命終時。尽除一切諸障礙。面見彼仏阿弥陀。即得往生安楽国」と唱えてもらい、自ら随喜して唱和した。手に定印を結び、奄然《えんぜん》（にわかに）果てた。春秋八十一。

ある人が、この室は講経の処、往生の地なり、と云った。（『本朝新修往生伝』）

清衡も、持仏堂に僧を呼んで法華経や阿弥陀経を読誦させ、みずからはただ「南無阿弥陀仏」と口に念仏を称えたのであったろう。その持仏堂が光堂（金色堂）である。

こう見てくると、西方浄土願生者清衡の最期も、中尊寺の寺僧が寺伝のままを「注文」に記したのであって、これを事実に相違する虚構と見るか、あるいは、遺体調査にあたった人類学者の長谷部言人博士のように、「晩年、不治の痼疾《こしつ》（持病）に悩みながら、素志を貫き、この地方の文化向上と産業発展に貢献した偉業をしのんで、ひとしお畏敬《いけい》の念を深く」して捉えるかは、うけとるわれわれの側の問題である。

金色堂の棟木墨書銘

金色堂の棟木墨書銘について、「大檀散位藤原清衡」の下に「女檀安部《倍》氏（右）・清原氏（中）・平氏（左）」と横に並べて書されている。こうした女檀の銘記も、他には見られないことである。これをどう読むか。たとえば、在地大豪族出の女檀の上に大檀として清衡が乗っかっていると見て、安倍・清原前二つの俘囚政権と在地の族長たちを踏まえて、第三の平泉政権の史上の位置が血の上のつながりで示されているもの（高橋富雄氏）と読むか、あるいはまた、藤原氏に縁のつながる女人たちの厚い信仰心が籠っている。御遺体があるということは、女人の殊い哀惜をこの堂に繋ぐ要因になった。供養は、女人が主体になってやるという気持ちが汲まれ、維持していくだけの経済力ももっていたろう（杉本苑子氏）と想像するか。この堂の私的な性格からすれば、多くの人は杉本氏の感性に共感をおぼえるだろう。実際に、たとえば秀衡の母が個人的な「信」のよすがにと、延暦寺の僧澄憲の文才に期待し「如意輪観音講式」の制作を依頼したときも、「金一馬」をあがない誂《あつら》えるといった具合で、御館《みたち》の妻室は私に動かせるそれ相当の財を有していたようである。

清衡は晩年、この珠玉の金色堂に坐して、白く細い道の向こうに、西の岸に浄土を夢みたのであろうか。それとも東の此岸《しがん》に、この現世に即した仏土を想念したのであろうか。

弥陀三尊のほかに諸仏を安置した須弥壇の下に、清衡の遺体が、清衡だけでなく基衡・秀衡と、それぞれ向かって左奥・右奥に壇を増設して、三体の遺体と一個（四代泰衡）の首級が、いわゆる〔ミイラ〕の状態で納められている。偶然ではなく、残そうとした結果残っているのである。その事実を直視すれば、金色堂は、阿弥陀堂に兼ねて葬堂としての機能をあわせもった堂である。来世の後光がさし込み荘厳された寂光浄土を具現したこの堂はまた、そのまま奥州藤原氏「奥の御館」の霊廟でもあるわけである。

六体の地蔵尊

六体の地蔵尊については、これを「金色堂には六地蔵を祀る。六地蔵は今の火葬場にもある如く、特に葬堂に関係深い仏である」として葬堂説の理由の一つとする説（石田茂作氏）があった。これに対して石田一良氏は、「阿弥陀と地蔵が浄土教の本尊として相伴ったのは」比叡山横川《よかわ》流の五仏（阿弥陀如来と観音・勢至・地蔵・龍樹の四菩薩）安置法であると見て、道長の妻倫子《りんし》によって建立された法成寺西北院や、女《むすめ》の彰子が造営した東北院（常行堂）の例を手掛かりに葬堂説を批判した。

そして『沙石集』（無住著、一二八三年成立）に、

　此（地蔵）菩薩は根機の熟するをも待たず、臨終の夕ともいはず、……縁なき衆生すら猶たすけ給ひ……地蔵は六趣四生の苦を助け給。

とあるのを引いて、「地蔵が観音・弥陀と同体であるとすれば、清衡の精神はそのままに（妻平氏によって）金色堂にも具現していることになるであろう。六体の地蔵を中尊弥陀の傍らに立てることには、来迎思想の一層の深化が見られ」るとし、金色堂を葬堂と見るのは、「現在葬堂であるという事実から逆にその根拠が模索せられた感がある」とも述べている。

　ここで一つだけ、『拾遺往生伝』巻下から六地蔵の所見をあげておこう。

清衡と同時代の人で、太政大臣藤原実季《さねすえ》の娘の話である。その娘が二十余歳になったとき、重い病になった。母は、除病延命を祈るために七仏薬師の像を造ろう、といった。が、娘は、今度の病は運命の限りだから、七仏薬師の像を改めて、六地蔵の像を造ってほしいという。母は涙をながして、六地蔵にした。天台の静算阿闍梨を請じて合殺《かっさつ》念仏し、娘は西に向かって念仏しつつ息絶えた。この場合、娘も母も地蔵尊の来迎をひたすらに頼んで命終往生を願っての所為であり、即それが、葬と供養とを思いに含んだ造像であったから、

母は涙を流したのである。往生と葬儀とそこに何らか差異を設けて論ずる必要があろうか。

大治四年（一一二九）十月七日、言うまでもなく、白河院の月忌である。『中右記』に、忠尋僧都の説経を頼み、半丈六の弥勒仏像と等身の「地蔵六体」、金泥涅槃経を供養されたとある。弥勒が出世するまでの五濁《ごじょく》悪世に、姿を変えて、縁なき衆生をも救いたもう六道能化の、六体の地蔵尊である。六道それぞれに配当される形像（左手に錫杖を持つとか）や名称は諸説があるが、後々、次第に意識されるようになったものと思われる。

金棺に聞く

なぜ、遺体を火葬なり墳墓に埋葬せずに、いわば屋内葬として遺体を床上棺に安置したのかということが、重大な問題とされる。

遺体の処置

「ミイラ」はポルトガル語で、死体を保存するための蛮薬「ミルラ」の転訛したものという。畏敬の念からかけ離れた響きに聞こえるので、中尊寺ではミイラという呼称を忌避して、御遺体と称してきた。法医学でいう「永久保存死体」の一つである。

遺族に、そして恐らく本人に、遺体を保存して残そうという意思はあったに違いない。しかし、死んでからも平泉を、奥州の行く末を見守ろうとした所為「死後の経営」とか、また、中国の『宋高僧伝』などに見られる「真身」の例、遺体に漆を塗布し礼拝の対象にした例などを引いてきて、あまり殊更に解釈しようとする必要はない、と私は思っている。金色堂須弥壇下の御遺体は、褥《しとね》に臥《ふ》し枕をあてた遺体であり、納棺して床上に安置した屋内葬として、あるがままに受けとる方がいいのではないか。

どのようにして、いわゆるミイラにしたかも、特別に高度な加工をしたような形跡はなく、御尊骸が傷まないように、ある程度の処置をしたということらしい。どの程度のことか——。たとえば、白河法皇が崩御されたのが清衡卒去の翌年の七月七日で、同じように暑い季節であるが、源師時の日記『長秋記』には（師時は、鳥羽天皇の皇后美福門院得子の伯父にあたり、記事は宮廷内の機微に触れている）、その夜の遺体処置についても詳しく記述している。それによると、近習《きんじゅう》の人々が入ってきて、板敷の上に砂を五、六寸ばかり積み、その上に畳裏や薦《こも》などを敷いて、遺体をそれに臥せさせ給い、単衣《ひとえ》でもってお体を「推《お》し纏《まと》い」奉った（袖を通さずに体を覆った意味）。

そして、これは基隆の所為である、と書いている。

ここに言う法皇の遺体を処置した基隆とは、堀河天皇の乳母子《めのとご》で当時五五歳、伊予守基隆である。後に平泉にかかわってくる民部少輔基成（女が秀衡の室）は、この基隆の孫にあたる。さらに、そうした遺体の処置が「前朝の時もかくの如く」にした、と書いている

図 4　金箔押木棺（藤原清衡）

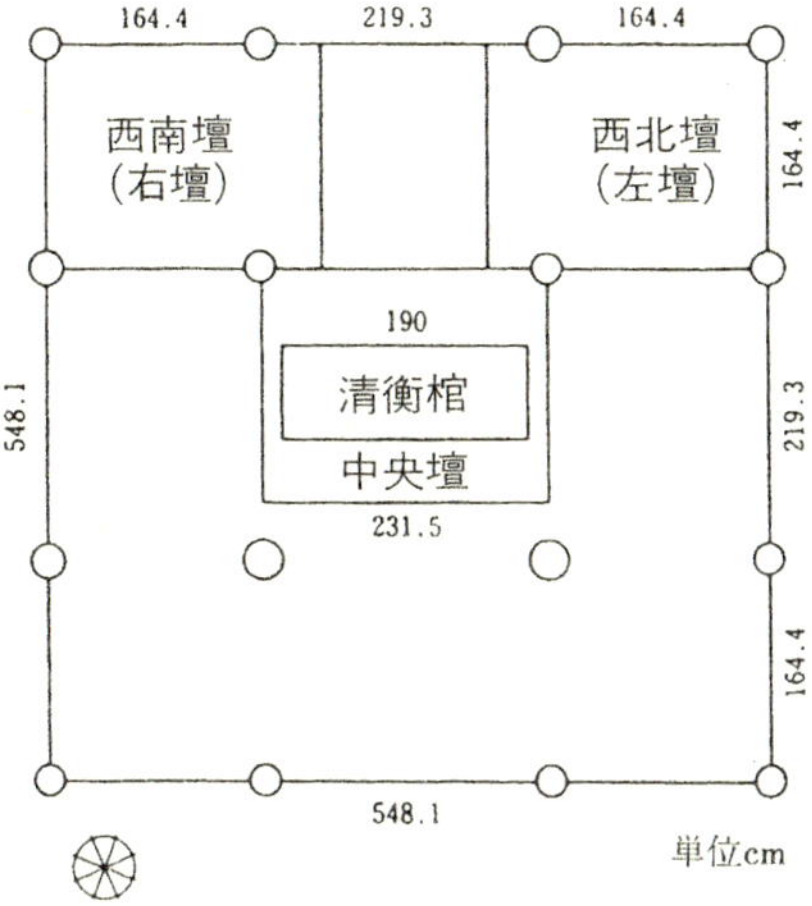

図 5　金色堂略平面図

のは注意すべきである。以前の例によった、古風に準じた仕方であった、ということになろう。

清衡の棺内所見については毛利登氏の報告に詳しい。それによると、棺の底部にかなりの砂があった。これは『玉葉』に、養和元年（一一八一）十二月に崩御された皇嘉門院の葬儀のことが見え、入棺に当たって棺底に土砂を入れたことが記されている。また、清衡棺の棺底に藺筵《いむしろ》が敷かれていた跡が確認された。藺筵の断片や、絹袷袴《あわせばかま》にも筵の目がのこっていたとある。藺筵の残欠は三棺それぞれから検出されている。それでまず、白河法皇の場合と同じように薦か藺筵の上に横臥させたものと推測されるわけである。

土砂については、保坂三郎氏はこう述べている。

木棺の底部、殊に足の方には一〜三センチぐらい砂が入っていた。その砂のなかから金塊を「発掘」した記憶は今に新しい。しかし当時砂のあることを、さしたることとも思わなかったので、特別にそれを注意したり、保存もしなかったのであるが、今にして考えてみれば、葬礼に棺内に「呪砂」を加えることは前述の通り平安時代の文献に散見することであるから、あるいはそれであったかと悔やまれる。たしか川砂であったように記憶する。（『中尊寺』所収／河出書房新社）

土砂《どしゃ》加持というのは、光明真言を誦して加持した土砂を死骸や墓に散じると、土砂の功徳によって極楽浄土に往生し、菩提を得られる、という密教の祈禱修法である。しかし、師時の日記には、白河法皇の遺体処置は崩御されたその夜即のことで、事に携わった人々は暁更《ぎようこう》に及んで退出したとあり、砂を加持した様子はない。清衡棺の場合も土砂加持ということも考えられないではないが、むしろ、藺筵の断片と砂は、白河法皇の場合と同様の処置がなされたのではと推定される。これが、ある程度の処置の具体的な事例である。

遡《さかのぼ》って、一条天皇の場合も葬送は七月八日で、それまで「いみじう暑き程に、心より外《ほか》に程経《ほどへ》させ給」い、思いのほか半月ものあいだ御遺骸をそのままにしておいた、と『栄華物語』に叙《の》べている。どうも現代の、季節に関係なく魚肉を食べられる飽食の時代のわれわれから推して、死体即腐敗と決めつけて古屍《こし》を云々すべきではないように思われる。

＊

「一番困るのは、背中が本当にきれいでいらっしゃるということです」

遺体の自然生成説を主張された一人、調査で虫害を担当された森八郎氏の講演である。「皆金色」という漆と金箔の特殊な堂内環境が、常識ではかんがえられないことを、自然防腐を可能にしたわけである。そして、金色堂の棺内の状況は微生物相互の抑制によって汚染は少なく、細菌は繁殖を止め、胞子《ほうし》は深い眠りの状態にあった、と報告されている。
私は、氏の一言一言に、科学的というよりも哲学的な響きを感じていた。

蓮台野逍遥

堂の前に佇《た》って、本尊阿弥陀如来に向かうと、拝むわれわれはすでに西に向いている。「西」とはなにか。永治二年（一一四二）三月の、沙弥西念の願文（『平安遺文』）に、

右、伝え聞く。天王寺の西門は、極楽の東門と。しかればすなわち、死期命終の時を待たずして……すなわち御寺の西の海に、数年勤行供養せる若干の仏経の目録を首に懸けて、西方に向かい身を投げ海に入るといえども……

と啓白している。また、再三言う秀衡の母の請いによって澄憲が起草した「如意輪講式」（大覚寺蔵、鎌倉時代写本）の第五段に、「百済国の七尺の（如意輪観音の）霊像、送って極楽の東門の閣（宝塔）に安んじ」とあった。これも、四天王寺の「宝塔金堂は極楽の東門の中心に相当す」るという伝を下敷きにしている。
金色堂も極楽の東門ということになるのであろうか。実は、金色堂の西方、経蔵の裏を回って上西谷坊地に至る。その手前には仁安四年（一一六九、嘉応元年）四月の刻銘のある五輪塔がある。秀衡の時代の、在銘最古の五輪塔で、その先、堀切の切通しから急勾配

の坂を下ると、古くから蓮台野といわれた辺りに至る。円形の墳墓状の石積みが多く露出している。『中尊寺遺構確認調査報告書』によると、この地区に大溝と石積みが八〇ヵ所以上確認されている。詳しいことは、今後の本格的な調査に俟《ま》つしかないが、あるいは藤原家の人々の墳墓ではないか、清衡の北方平氏も、その石積群のどこかに埋葬されているのではないかと、われわれも想像するわけである。

「蓮台野」といえば、京都の船岡山西麓に知られる墓所である。平安時代の葬送の例は、鳥辺野（東山区）か紫野（北区）と決まっていた。船岡山はその紫野に近接している。『今昔物語』に「仁和寺の東に香隆寺と云ふ寺有り」というのは蓮台寺のことで、伽藍は応仁の乱で焼失した。船岡山の西、仁和寺とのあいだ旧松原村になるらしい（『山城名勝誌』）。後朱雀天皇も香隆寺の西北の野で火葬された。後冷泉天皇を葬送したとあるのも、二条天皇が火葬されたのも蓮台野である。いま、その中腹に蓮華谷火葬場がある。

また、長野の善光寺の場合は本堂の裏手は墓所で、さらにその後ろの大峰山には古五輪塔群や古墳がみられる。そこは、死者の棲処《すみか》としての聖なる空間であり、善光寺門前の駒《こま》返《がえし》橋以南は俗空間で、そこから本堂裏までは聖と俗の、儀礼空間として理解して、これに山中他界観と、極楽という二元論的他界観が習合して、善光寺を極楽の入口ないし境域とする信念体系が形成された（山ノ井大治氏）といわれる。

金色堂の裏から蓮台野に至る道を、明治のころまでは「烏兎《うと》坂」と言った。烏兎とは日と月、歳月をいい、日常的でない意味を暗示しているようにも思われる。

関山の西麓蓮台野を、葬送の野辺、死者の棲処《すみか》とみるか、金色堂のまさに西方、春秋の西日に映る弥陀の浄土とみるか。それは、金色堂を阿弥陀堂とみるか、そこに遺体の安置されて在るという現実を直視して葬堂ととらえるか、の論にも相似たことになろう。

「西方」とは

金色堂は西方弥陀浄土を具現したものであるか、墓所として建てたものであるかといった議論は、あまりにも今日的、二元的な分別でしかない。当時は、仏教が人のこころを強くとらえていた時代である。浄土願生者の屋内葬を、往生といい、即身成仏といっても、その個人の実感信仰に隔たりがどれだけあったのだろうか。清衡棺内から発見された絹本墨画の裂《きれ》をつなぎならべた結果、阿弥陀仏の種字𑖮𑖿𑖨𑖱𑖾（キリーク）が胸に大きく標示され、右肱《ひじ》に上品《じょうぼん》上生の決定往生咒〔オン　アミリ　ドッバ　ベイ〕が書かれた曳覆《ひきおおい》曼荼羅であることが報告されている。もう一方の左手の梵字断片が、報告者のいうように即身成仏の咒であるならば、往生と成仏と隔たりなく、阿弥陀仏と同一体なることを表象していることになろう。向こうから来る死をそのままに受けとめて、人間の有限な分別知の枠組みを脱する。自他をわけ隔てる垣根が無くなったということは、あらゆる「いのち」と共感するということである。有限の「いのち」を超える、生死を超えるということは無限の「いのち」、つまり無量寿であり阿弥陀仏なわけである。南無阿弥陀仏は、仏の名前でない、永遠の「いのち」を信受することである。

なぜ、身体を残したのか。

だれもが抱くこの問いには、一般論から極めて私的な思い入れまで、いろいろな解釈が試みられてきた。たとえば、平安時代は死体の残存を志向する風潮が強かった。極楽浄土に往生を遂げたひとは死後も身体が壊《え》せず、朽ちずに身体が残るということを信じることができた。だからそうした往生譚が語り伝えられたのであると、それを蒐集し編纂された『法華験記』や『日本往生極楽記』や『今昔物語』等々から引き出して、論説されてきた。

しかし、それは説明にはなるが答えではないと、そう思っている人も少なくなかったようである。ほかにも、チベットのポタラ宮殿のストゥーパ（塔）の遺体崇拝の考え方に共通性があると考え（山折哲雄氏）、遠近法のなかで捉えようとした所説もある。

中尊寺貫首千田孝信師は、「還相《げんそう》」という考え方——もう一度娑婆に還ってきて、生きとし生けるものすべてのものを救済しようという教義から、阿弥陀仏に引摂されて往生を遂げ成仏したならば、清衡もまた阿弥陀仏と一緒に還ってきて、平泉を、みちのくを護りたい……、そういう気持ちが御遺体を持仏堂に安置させたのであろう、と説かれる。

　いわゆる還相は、浄土からこの現実穢土《えど》に帰ってきて、生きとし生けるものを済度する、導き救う、真理に向かわせるということであるから、究極の利他行《りたぎょう》といえよう。

　私は、先に触れた一条天皇や白河上皇の例とまったく異なる遺体処理ではなかったろうと思っている。それを、持仏堂（光堂）のなかに屋内葬とした。北枕に西向きに横臥し、帷《かたびら》のような白絹で覆い、念仏の声絶やさずに入棺し、葬事を済ませたであろう。それらはすべて前もって予定されたことであった。生前に棺を作って用意していた話は他にもある。

　先年、米沢市の常信庵の梅唇尼《ばいしんに》の古屍を拝ませてもらった。明治二十四年に同寺の墓地から「梅唇尼」と刻された五輪塔とともに発掘されたという。清衡の子清綱の女《むすめ》で、秀衡が義経につけてやった家臣嗣信《つぐのぶ》・忠信の母である。二子の最期を聞いて、髪を落とし草庵を結んで称名念仏の日をおくったと伝え、鎌倉方の探索を逃れて、再び平泉に下る義経を接待した方である。建久二年（一一九一）三月に死去。この古屍に棺は残っていなかった。

空洞からの発現はいよいよ希有なことに違いない。この梅唇尼も、殊更に礼拝の対象になろうとしたとも思われないし、ただひたすら念仏の日々をおくり、こと絶えた、だけなのかも知れない。草庵生活をおくり、しかも寒冷の三月に亡くなって、雪中埋葬されたから遺体が傷まなかった、とありのままに受けとめていいのではないだろうか。

この光堂に、こころを寄せ、亡きひとを思慕し追善回向するのは、それは看取った遺族や残された家臣の方の問題なのである。そして、つぎの基衡も、三代秀衡もそれぞれ別に壮麗な寺院を建立したわけであるが、この小さな堂の中に、壇を増設して一処に入っていることの方を考えたい。そういう思いを父子の血の倫理と言ってしまうと、それだけのことになる。「死後の経営」ということばもあるが、還相をそう言ってしまうと、それもそれまでである。あまり、一義的にことばで規定し、意味を限定してしまわない方がいいのではないか。ゆるやかに捉えておいた方が深みを生ずることもある、と思うからである。

「皆金色」の浄土とは、死に臨んでいるひとも、看取る者も、阿弥陀仏の弘願《ぐがん》を信じて疑いのない観念世界、金とか銀とかといった相対の名辞を超えた、混じりっ気のない、錆《さ》びつかないという意味である。金色堂はそういう浄土相を工芸と金箔で現実化したわけである。

弥陀の浄土は、ユートピア（どこにもない理想郷）ではない。ピュアランド（真実の世界）、南無阿弥陀仏の、生死なき浄土である。西方浄土を、ウエスタン・パラダイスなどと英訳するのも適切ではない。「西方」は、東の反対方位を指す西の意味ではなく、東西を絶した一切の方位を含んだ宗教的西なのである。

金色堂調査〈余聞〉

金色堂は屋根（木《こ》瓦）も皆金色であった。

昭和の大修理の際にも、それが確認できるかが議論になった。『国宝金色堂保存修理報告書』（形式技法、八六ページ）には、次のように記録している。

屋根は昭和六年修理に解体され、新材は腐朽《ふきゅう》部を取り替えたものでなく、単に欠失部をおぎなったものであることがわかった。また古材の木瓦は、この昭和六年の修理まで全く打替えられたことがなく、この時初めて解体されたことがわかった。なお、木瓦古材表面ははなはだしく風蝕し、相当期間風雪にさらされていたのが歴然としているが、このため表面に漆箔または渋墨《しぶずみ》などの塗装があったのか、それとも単に素木《しらき》であったのか推定しがたかった。

しかし、山口青邨氏の当時の貴重な証言があったので、載録しておくことにする。

もう七、八年前になるが、中尊寺が藤原祭といふものを催した時、その一つの行事として芭蕉祭を行ひ、全国俳句大会を開き、私が講師として招かれたことがあつた。その時ちやうど金色堂鞘堂《さやどう》の屋根の修理をしてゐた、案内の総務局長の佐々木実高さんが屋根に上つて見てもよいですと言つた。

大工達は掛けた足場を伝つて出入りしてゐた。私は懐中電灯をもつて鞘堂と金色堂の間のわづかの隙間を這《は》ひ上つた、つまり金色堂の屋根の上である、真暗なので懐中電灯で照らし照らし這ひ上つた。

その当時は布目瓦はすでにあつた、現にここの経蔵もそれで葺いてあるが、金色堂の屋根は特に木瓦である、金箔をおすためにはこれでなければ出来ない、木瓦の表面に麻布を漆で貼りつけ、更に漆を塗つて金箔をおしたのである。私はその木瓦の上を這つてゐたのだ、百数十年の間、直接にさらされてゐた屋根は金箔ははげ、漆もはげて布が現れてゐた、わづかに木瓦の隆起した部分の陰などに金が残つて底光りに光つてゐた。

私はあまりの懐しさに屋根の表を撫でてゐた。

> 八百数十年前、百数十年の間はこの堂は全く金色燦然《さんぜん》と杉の木立の中に寂然《せきぜん》としづまつてゐた、ふりそそぐ雨にまた霏々《ひひ》と降る雪になほ輝きを消すことなく、はなやかでさへあつた。（山口青邨「中尊寺にて」、昭和三十四年十月『ホトトギス』）

金色堂保存修理委員会は、建築・漆芸、文化財保存の専門家や技官で構成され、幾度も現地調査し、会議を重ねて最善をつくされた。それは当然そうでなければならない。ただ、独り暗く狭い空間に入って、懐中電灯をつけたから見えた事実もあったということである。

懐中電灯といえば、内陣の天井裏から秀衡の金棺残片を発見した時もそうであった。

昭和二十五年、遺体調査終了後の五月、文部技官のM氏はなお数回にわたって金色堂内の細部について調査を重ねていた。基衡・秀衡寺伝錯誤説の論拠を明白にすることが関心事であった。左右両側の壇の天井裏まで調査することになって「梯子《はしご》をかけ、ほの暗い懐中電灯の光をたよりに精査したところ、そこには永年にわたる塵埃《じんあい》が堆積《たいせき》している」ばかりであった。塵埃を清掃するのも相当の手間隙がかかるので、調査を打ち切って帰京した。

六月二十日付の『朝日新聞』岩手版に、「金色堂天井裏から金棺の残片発見」と、大きな見出しで、紙面の半分を割いて報道された。M氏帰京後、寺の執事がその天井裏に上がって発見したのである。M氏にはとうてい信じられないことであった。

それで、「誰も予想し得なかったこと」と報告書に書いている。

しかし、もし、M氏が梯子の途中に止まらずに、あと二段登って、堆積した塵埃のなかに手を差し入れていたなら、貴重な板の方から手に触ったことであろう。懐中電灯が、ほの暗かったのも不運であったが、「誰も予想し得なかったこと」は、世の中にままあることである。

こうして発見された金棺の残片は、遺体の呼称錯誤を実証する有力な資料になった。

「中尊寺ハス」

棺内の種子

昭和二十五年における御遺体調査で、基衡・秀衡の棺内から多くの植物のタネが採取された。同年発刊された『報告書』に、大賀一郎氏はオニグルミ・モモ・ウメ・カヤ・クリ……イネ・ヒエについて記している。ただしそれは主に伝基衡棺内の所見で、最終的な調査報告ではなかった。伝「忠衡公首級」桶からはハスの種子を採取したが、研究室に持ちかえった資料を、なお時間をかけて精査する予定であったらしく、それらについては言及していない。他日を期していたものであろう。それらの種子は、大賀氏没後に中尊寺に返還されて讃衡蔵に保存されていた。

棺内から採取したハスが発芽しないものかどうか、枯死したものか生命を保っている種子なのか。中尊寺では実験的に播種《はしゅ》育成を、故大賀博士の門下である恵泉女学園短大（伊勢原市）の長島時子教授に依頼した。ハスの種子発芽の連絡をいただいたのが平成五年のことである。開花への期待が急に膨《ふく》らんだ。一昨年も昨年も、それは夏の夢に終わったが、長島教授は、花をもてるだけの丈夫な根に育成されていた。

八百年ぶりの開花

待つこと久し。今年（十年）七月二十九日の早朝、例のハスが開花したとの朗報をいただいて、寺からすぐに直行した。棺のなかに納められていた、ということはこの世からひとたび消えたわけである。そのハスの種子が、黒く固い果皮《から》をやぶって発芽し根ついて、ようやく開花したのである。八〇〇年の眠りから覚めたようにも思えるし、むしろ蘇生《そせい》したといった方が、花を眼前にしての実感であった。古代ハスの淡紅の花弁は、径が二三チセン、現在の園芸のハスより細身に見える。和蓮《われん》の一種という。清楚ということばこそがふさわしい。――「中尊寺ハス」と命名することになった。

泰衡の首桶

忠衡と伝えられたその首級が、実は兄泰衡であることが判明したのは御遺体調査の一つの成果であった。ただ、いかなる人が泰衡の首級を金色堂内に納めたのかは知る由もなかった。そこに今回のハスの開花である。なぜ、泰衡の首桶の

図 6　「中尊寺ハス」

中だけにハスの種が納められていたのか、各紙に報道されてから、あらためてそのことが関心事になった。

『吾妻鏡』文治五年九月三日の条に、「泰衡は、郎従河田次郎を相恃《あいたの》み肥内《ひない》（比内）郡贄《にえの》柵《さく》に到るところ、河田忽《たちま》ちに年来の旧好を変じて泰衡を相囲ましめ梟首《きょうしゅ》」した、と伝えている。河田は、その六日に紫波郡陣ガ岡の頼朝の陣所に主人の首を持参したが、かえって主に背いた罰で斬罪《ざんざい》に処されたわけである。泰衡の首は、前九年の役において頼義が貞任の頭に釘を打って処刑した故事に倣《なら》って、架上に釘で懸《か》けられた。

遺体調査で、この首級には七度斬られた痕《あと》があり、額から釘穴が貫通していることが判明した。まさに『吾妻鏡』の伝える泰衡の首級に相違ない、ということになったのである。

まず、だれが、その首級を降ろし、金色堂に納めたのか。推測する手掛かりはある。首級の耳から頬にかけて斬《き》られた痕《あと》が丁寧に縫合《ほうごう》されていることをどう考えるか。血に汚れ浮腫《むく》んだ死人の顔を両掌《て》に抱え、汚れを拭い傷を整形して、往生を願ったであろう人為は、肉親であればこそと思われる、そう思うのが自然であろう。そしてその着想は同十五日の条に見える樋爪《ひづめ》（比爪）入道俊衡と弟の五郎季衡《すえひら》につながる。『尊卑分脈』には、その俊衡に付して「秀衡舎弟なり」と記している。頼朝は、降人俊衡が齢《よわい》六旬《じゅん》を過ぎて霜髪《そうはつ》を剃《す》った姿を憐《あわ》れに思い、身柄を八田知家《ともいえ》に預けた。俊衡は何を聴《き》かれても法華経を読誦《どくじゅ》するだけで他に一言も発しなかった。それがまた、仏法に信心篤《あつ》かった知家が心に感じた。翌日、知家がそのことを言上すると、頼朝は、あえて罪名を定めずに比爪氏の本所を安堵した、そう『吾妻鏡』は記しているのである。

これらの事情から推して考えられることは、たとえば、一族の比爪入道俊衡なり弟の季衡ならば、泰衡の首級を貰《もら》い下げ、縫合手術させて、金色堂の秀衡の棺の傍に、父子一処に眠らせてやりたいと愁訴《しゅうそ》した、そのようなことも想像できよう。あるいはその際に、しかし頼朝に敵対した張本の泰衡では憚《はばか》りがあるので「忠衡の首級」ということにしたのかも知れない。そうであれば、忠衡首級という寺伝は、当事者の間で黙認された虚構であったということになろう。虚を伏せて世間に認めさせる、さらに後世にもそれを事実として通すには、当事者の沈黙が必要になる。穿《うが》った見方をすれば、俊衡入道が「経を読誦するのほか一言も発しなかった」と、そうしたことをことさらに『吾妻鏡』に記した理由も、その辺にあったのかもしれない。

そして、首級を貰いうけた所から程近い比爪氏の本拠地（紫波町）の、五郎沼のハスを死者に供え菩提を弔ったのでは――、と推測すれば、それで一通りの説明がついたように思われるかもしれないが、それでは説明のための説明になり、短絡に過ぎよう。

文治五年は、閏四月があって、一年が三八四日であった。二十四節気でいえば、この年は八月四日が秋分、九月四日つまり泰衡が惨死した翌日が霜降である。首実検された六日は、西暦（ユリウス暦日）の十月十七日にあたる。無論、ハスの花など咲いている時季でない。あるいはもし、後年だれかが、ハスの花を切って供えたと想定した場合でも、ハスの花は開花して四日目には散る。切り花したときにすでに花床（花托《かたく》）の種子が完熟しているだろうか。十分に熟していない種から発芽するとも、どうも思われない。それに、ハスの種子は首桶のなかに八〇粒ほどあったようで（現在残っているのは七四粒）、直径三四・五センチの桶のなかに、首級の隙間《すきま》にそれだけの花を入れる余地など無論ない。

つまり、当初よりハスの花ではなくて「種子」を入れたのである。その、種子を棺に入れた意味がわからなければ、問題は解決したことにはならないであろう。

なぜ種子なのか。花季は疾《と》うに過ぎてしまっていたから、仕方なく種子を入れたということなのか。ただそれだけのことだろうか。

ハスが、ゆっくりと開花する時間を共有しながら、わたしはそのことを考えていた。

一蓮托生

帰山して翌日、俳誌『草笛』が主宰者の宮慶一郎氏から送られてきた。毎号いただくので、いつものようにページをめくっていた。ふと、

逆縁の柩《ひつぎ》に母の種袋　　間淵うめ子

の一句が目にとまった。私は、「種袋」の活字に釘付けになった。作者の兄にあたる人への葬送の句、と説明がある。この、「種袋」とは何なのか。どういう思で種を柩に入れたのだろうか。宮氏に手紙でお尋ねすると、作者の現住所は浜松市だが、生家は秋田県とのことで、あるいは、そういう風習でもあったのだろうか。すぐに、一面識もない作者に宛てて作品の背景を伺った。

返書には、生家は北秋田郡、米代川の上流の合川町（旧落合村）で、しかし村の風習というわけではなく……、と状況が詳しく書かれていた。長いシベリヤ抑留にくわえて病身の兄は苦労が多かった。母がしていたように、母の縞《しま》の種袋に南瓜《かぼちゃ》の種とか花の種を入れていた。それが柱に吊るしてあったものを、せめて彼《あ》の世でまた種を蒔《ま》き、後からゆく母を待っていて欲しいと、愛《いと》し子の柩にお菓子を入れてやるように、母になり代わって納めてやったのだという。袋のことがふと気になって、咄嗟《とっさ》の思いつきであったことが丁重に書かれてあった。

しかし、たとえ一二世紀と二〇世紀、時代もまったく異なり、社会の風潮も個の意識も大きく違ったとしても、人間の、その咄嗟の思いつきの行為のなかに人生の真実があるのではないか。あの世に往《い》って、この種を蒔いていて…、そう肉親の往生を願い、浄土に花開くことを祈念した心情に、中世も現代も、どれだけ差があるだろうか。

俊衡は、法華経を読誦して止まなかったという。法華経は「蓮《はちす》の法《のり》」である。弥陀の慈悲は妙法蓮華の顕《あらわ》れなのである。その入道俊衡は「蓮阿」と号したという。阿とは、よりどころである。

極楽浄土で同じ蓮の上に生まれたい、一蓮托生《いちれんたくしょう》の契りを願って種子を入れた。蓮《はちす》の台《うてな》・蓮の糸に、「中尊寺ハス」の種子は、往生の縁《えにし》を結ぶよすがであった。

「種袋」の句を借りて、思いをそこに致したのである。

宝浄の世界

紺紙金銀字交書一切経（国宝）

中尊寺「供養願文」には、経蔵についてつぎのように述べている。

二階瓦葺き経蔵　一宇

納め奉る、金銀泥一切経一部

安置し奉る、等身皆金色の文殊師利尊像一躰

右経巻は、金書と銀字一行を挟んで光りを交《まじ》わし、紺紙玉軸、衆宝を合して巻を成す。漆匣《しっこう》をもって部帙《ぶちつ》を安んじ、螺鈿《らでん》を琢《きざ》んでもって題目を鏤《ちりば》む。文殊像は三世覚母《かくも》の名を憑《たの》み一切経蔵の主となす。恵眼《えげん》を廻して照見し、智力を運んでもって護持す。

「中尊寺経」調書

現在、これに該当する二階建て瓦葺き経蔵の遺構は特定できないが、そこに蔵されてあ

った金銀交書経、中尊寺経が現存する。「願文」を裏付ける唯一の物証といえるものであり、それが、日本写経史上に装飾経の至宝として知られる紺紙金銀字交書一切経（国宝）である。

ただし、「中尊寺経」という呼称には、広義と狭義との意味があって、広義にいう中尊寺経の内容は、つぎの三種に区別される。

(1)初代清衡の発願になる紺紙金銀字交書一切経（清衡経）

(2)三代秀衡の所願（と目される）紺紙金字一切経

(3)二代基衡および秀衡がそれぞれ亡父の追善供養のために発願した紺紙金字法華経

そして、狭義の場合には(1)の金銀字経（清衡経）を指していう。

つぎに、これを指定文化財の目録によって、所有者ごとにその内訳を見ると、

（国　宝）

○紺紙金字一切経（内一五巻金銀交書経）　二七三九巻　岩手県　大長寿院

　付、漆塗箱二七五合

○金銀字一切経（中尊寺経）　四二九六巻　和歌山県　金剛峯寺

　付、漆塗経箱三一五合

（重　文）

○中尊寺経　〔金銀字経一六六巻・金字経五〇巻〕　二一六巻　河内長野市　観心寺

○紺紙金字法華経　八巻　〔各巻ニ大治四年七月十三日為藤原清衡書写了ノ奥書アリ〕　栃木県　日光輪王寺

○紺紙金字法華経（開結共）　一〇巻　〔保延四年五月十六日藤原基衡願経〕　静岡県　妙立寺

○紺紙金銀字大唐西域記（中尊寺経）　一二巻　東京国立博物館

以上の六件が指定されている。いずれも広義の中尊寺経である。

経とは、「如是我聞《にょぜがもん／じょしがぶん》……われかくの如く聞けり……」の文型の、釈尊の教えを成文した個別の経典から、それらを編纂した経・律・論の三蔵、それに密教の聖典や、疏《そ》（注釈書）をも含めて一切経とか大蔵経という。中尊寺の金銀字一切経は、中に「貞元《じょうげん》新定釈教目録」（亘一三二号）も含まれているから、それによれば五三九〇巻ほどの巻数であったようだ。「願文」に「五百三十口の題名僧　右、口別に十軸の題名を掲げ、五千余巻の部帙《ちつ》を尽くす」と述べているのに合致するわけである。

紺紙に金銀字というのは、仏土（浄土）は瑠璃地であり、七宝で荘厳《しょうごん》されていると説かれるのによる。浄土さながらにして、憧憬《しょうけい》から信にはこばれるように「厳《おごそ》かに飾る」ことを荘厳という。金や銀は七宝のなかでも最たるものというだけでなく、仏の実語「金《こん》口《く》」を荘厳し、表象するわりであるから、そのままが理にかなった作善《さぜん》になる。そして、これに王朝時代の人々の美意識が反映してくるわけである。

紙と染め

ところで、(1)の中尊寺経（金銀字交書経・清衡経）に用いられた、大量の料紙は、どういうルートで調達したものか。どこで漉《す》いて、どのようにして紺染めしたのであろうか。

平安の装飾経、紺紙金字経の紙は斐紙《ひし》といわれる。紙や染めについて私は素人であるから、いま、紺紙などの復原的体験を通じて論じた『王朝の紙』（飯島太千雄著）による。発掘調査の場合と同様に、現場に立ったことのある体験の論が説得力があっていいと思われたからで、関係するところを抜き出してみよう。

○雁皮《がんぴ》に少量の麻か楮《こうぞ》を混ぜた斐紙に違いない。雁皮であるからこそ、染色も金色もあれだけ冴えた発色をする（正倉院蔵の経巻は、大半が黄紙で楮が主である）。

○絶対に雁皮でなくてはならないが、雁皮は最も吸湿性が低く、乾燥すると暴れる。

○紺紙は藍で染める。染め方には先染《さきぞ》めと後染めがあり、先染めは繊維を先に染めてしまうのと、漉き船に染料を入れて染める法がある。後染めには紙を染料に浸《ひた》す浸《つ》け染めと、刷毛《はけ》で塗布する刷毛染めがある。
○雁皮は、浸け染めでも吊るし干しすれば、踊ってしまう。量産となれば、一枚一枚を板張りしていられない。
○雁皮は薄くしか漉けないから、二・三層漉きになっているが、その中にまで藍が浸みていかず、截《た》ち上げた紙の小口に白く出てしまう。

飯島氏は、雁皮の性質やら量産ということを考えて先染めの方法を選んで、なおまだ工夫すべき問題は残ったとしながらも、漉き染めが正しかった、と結論している。

従来は、何度も浸け染めを繰り返したのだと考えられてきた。それに対して飯島氏は、紙質を徹底研究され、しかも正倉院文書に「須岐《すき》染紙」の語も見つけて、これまで漉き染めへの理解が欠けていた、と指摘されている。多々参考にすべき一冊である。

しかし、腑《ふ》に落ちない。やはり後染めなのではないだろうか、と思われる。

中尊寺経の料紙については、たまたま保安二年（一一二一）の延暦寺僧の貢上《ぐじょう》状を紺染めしたものが一巻あって、それで延暦寺の方から調達されたとか、延暦寺が関係していた証左である、といったような説明で済ましてきた。五三〇〇巻の料紙といえば、一巻がたとえば一七紙とすると、九万枚にも及ぶわけで（一巻が二七紙のものもあるからそれ以上になる）、延暦寺の方から調達されたというだけでは、具体的なことはわからない。

ところが、その貢上状に紺染めした料紙というのは、反故《ほご》紙を水に溶解して漉いた再生紙ではなく、墨書がそのまま読める状態で紺染めされている。ということは、まさに後染めであった動かぬ物証になるではないか。たしかに、わずか一紙のことである。それでもって、奥州の清衡所願の紺紙金銀字交書一切経に充てた料紙九万張の調達経路が裏付けられたとするのは十分でない。が、一点の物証から技術を解明すること、染色法を突きとめることはできるのである。貢上状一紙が浸け染めであれば、他も勿論、そうできたわけである。紺染めの料紙には、漉き染めした紙もあったであろうが浸け染めもあった。截っても小口が白く残らないような染めができた、とみるべきであろう。鳥羽法皇の神護寺経は、引き染（刷毛染）と解説したものもある。

書写の手順と工夫

この未曾有の、金銀字交書一切経という書写事業がいつ着手されたのか。これは、最も早い年紀の華厳経奥書に、永久五年（一一一七）二月十五日に始めるとあるのでわかる。ただし、最初からこれが組織的・統一的に着手されたものかどうか、検討されている。たとえばその華厳経も漢訳に六〇巻本（ブッダバダラ訳・旧華厳）と八〇巻本（ジッサナンダ訳・新華厳）、それに四〇巻本（唐の般若訳・普賢行願品）の三種があるわけであるが、現在、高野山霊宝館と京都国立博物館で行っている中尊寺金銀字経に関する総合調査によると、六〇巻本はすべて金銀交書であるが、四〇巻本は巻第一から一〇までは銀字、八〇巻本はすべてが銀字で書写されている。また、六〇巻本のうち巻第一五から二〇まで重複した五組があることも確認され、その重複にも金銀交書と銀字経とがあったり、あるいは第二紙まで銀字でつぎから金銀字になったりと、変則的、複雑な書写様相も報告されている。

いずれ、一紙ごとの法量の測定から尾題や見返し絵の図様、文字色と奥書など厳密な調査のデーター入力やマイクロ撮影が進められている。従来の分類や所見には誤認もあったようであるから、今後の報告を期待して待つことにしたい。

金銀字経書写がどこを写経所にして行われたのか。これも唯一、奥書に「奥州江刺郡益沢院内において書しおわんぬ」と、清衡が平泉に館を移すまで本拠とした豊田館のあった現在の江刺市である。数奇な前半生をいきた、清衡の故地であった。

金銀交書の書写の過程について、「六〇巻本華厳経」巻一〇の奥書の例を見てみる。

永久五年〔丁酉〕二月十五日より、〔癸酉〕同年四月十五日に至り、一帙書しおわんぬ。

執筆金剛弟子僧永昭

大檀那散位　藤原清衡　女施主平氏

二月十五日というのは涅槃会、釈尊入滅の主要法会の日である。この日に書写始行して二ヵ月で一帙《ちつ》（一〇巻）を書きおえているから、一巻を六日で書写した計算である。

本来の書写手順でいえば、まず装潢師《そうこうし》（経師《きょうじ》）が料紙を糊《のり》で貼り継いだものに、堺生《かいせい》の仕事であるが銀泥で堺線を引く。それから写経僧が筆を運ぶ。書写方法は、まま散見する脱行の補充や重複誤写の訂正の痕《あと》から復原的に手順を調べると、まず銀字の行だけ一行おきに筆をすすめ、それから最初の行に戻って金字行だけを埋めていくという仕方で書写したようである。これは私が中尊寺にわずかに遺存する金銀交書経を手にとって見た限りでのことであって、なお総合的に検討されるべきであるが、金剛峯寺所蔵の未完成経「大集経日蔵分中陀羅尼品」のように、途中から一行おきに銀字行のみを写したものも実際にあるということであるから、そういう手法であった支証と見ていいものと思う。

書写し終わると、校者が底本と校合して誤字や脱字を補訂し、また異本対校して厳密を期す。(1)の中尊寺経の場合も、異本対校して（頭・脚に「イ」と記示している）、二度の校正を入れているものがある。仏説、金口《こんく》の文字に厳密を期したところで、金泥の膠《にかわ》が乾いたら黄土色の金泥の字面を瑩《みが》く（瑩《えい》生の仕事である）と、まさに金書と銀字と光りを交わす。装潢《そうこう》師は杉棒の軸に、その両端に毛彫文様の金銅撥《ばち》型軸端を装着して、これに経巻を巻き、表紙に紐を取り付けて装幀する。最後に題師が外題を示して完成である。

この過程は、たとえば金字をレンズで拡大すると、字体が心もち太く見え、金泥の表面がプレスされたように平坦になっている。金字行の部分が、紙面が縦にいくぶんか弛《たる》んだようになっているのもある。これは、字面を瑩いたためである。

金泥と銀泥の文字

かつて、サイデンステッカー氏から「金銀交書の、銀の字はなぜ酸化して黒ずんでいないのか。巻の前の方の紙は、黒ずんでいるが、後半の銀字は、八五〇年以上経っても錆びないのは、どうしてか」と、質問されたことがある。

さっそく、東京国立文化財研究所に依頼して調べてもらった。銀泥に金泥を混ぜて含有すると錆びにくいということがわかった。あらためて注意して銀字行を見ていくと、たしかに銀字に金が含有されているのが目でわかる。しかし、それだけのことであろうか。そこで実際に金銀交書経も書写されている書家の中村素堂氏を訪ね種々ご教示いただいた。

まず、金泥と銀泥の筆のほかに、筆をもう一本用意しておく。書写し、字面を瑩《みが》いてから、もう一本の筆を牛乳に浸し、銀字の行の上に塗ると、薄い脂肪の膜が字の表面を覆い空気に直《じか》に触れないから、酸化して黒くなりにくい。先人の智恵であり、書家の秘伝のようなものでもあったらしい。金字を瑩くには、猪の、それも若い猪の牙がいい。猪の牙ならどの地方でも比較的容易に手に入れることもできたであろう。猪の牙には、人の爪のように皺《しわ》があって、それで摩擦してもあまり熱をもたない。また、金泥を溶くのに膠《にかわ》を使う。膠は、動物の骨を煮て作るゼラチンであるため、清浄なる経文には憚《はばか》りあるとして、トロロ葵（料紙の糊料）で溶くという話もあるが、実際には用にならないということであった。

その折に、東大寺の「二月堂焼経切」も拝見した。寛文七年（一六六七）の修二会《しゅにえ》の火で焼けたもので、銀も筆致も格別な至高の古経切である。銀でなく白金（プラチナ）と見るひともいるほど、端正な銀の文字はほとんど退光しておらず、光沢があった。

五台山の宗風

金銀字一切経の起源となると、これはもう先学諸氏が指摘されるように、円仁（慈覚大師）の『入唐求法巡礼行記《にっとうぐほうじゅんれいこうき》』にある。本書は、円仁が入唐して五台山（山西省）に巡礼滞在した旅行記で、その九世紀の唐の見聞は資料的価値が高く、とくにライシャワー博士（元駐日大使）が研究し出版されてから、世界史的な関心から高く評価されている文献である。

『巡礼行記』唐の開成五年（八四〇）七月二日の条に、円仁は五台山の金閣寺に詣でて、金閣を開き、大聖文殊菩薩に礼す。青色の師子に騎れる聖像は、金色の顔貌《かおかたち》、端厳なること比喩すべからず。……閣は九間三層にして高さ百尺余り。……閣を下りて普賢道場に到り、経蔵閣を見る。大蔵経六千余巻あり。すべてこれ紺碧紙、金銀字、白檀と玉牙の軸なり。〔獅子は、経には「師子」と書く〕

と記している。五台山は、前述の六〇巻「華厳経」の「菩薩住処品」に「東北方に菩薩の住処ありて清涼《せいりょう》山と名づけ……現に菩薩ありて文殊師利」が常に法を説きたもうとある。都の洛陽や長安から東北方にある五台山が、おそらく五・六世紀ごろから文殊菩薩の聖地として信仰されていたとみられる。円仁が入唐した時代には、華厳教学よりも天台学が修学されていて「大華厳寺はこれ天台の流れなり」とさえ書いている。円仁がそこで心ひかれたのが大華厳寺の騎師文殊像の尊容であったこと、そして夜半空中に灯光を見て文殊の奇瑞を感得したことなどが、巨細《こさい》にわたって記されている。

中尊寺の経蔵の本尊騎師文殊像は、四眷属像とともに五台山の様式を汲む最古例として重文に指定された。以前、私も五台山に登拝したが、紺紙金銀字経は求むべくもなかった。ただ、中国最古の木造建築である南禅寺の騎師文殊像は唐代の塑像《そぞう》であり、また仏光寺の文殊像も同様まさに「その師子は歩を動かすの勢いあり」と見えた。五台山はその地形や気象の関係であろうか、現実に色光雲が発生した。文殊の化現と拝まれたわけである。

円仁が帰朝して、五台山への憧憬と奇瑞譚が流布し、清和天皇に奏請して比叡山文殊楼院の建立になった。中尊寺の経蔵騎師文殊像は、開山慈覚大師の由緒によって、そうした宗風を反映し、五台山が投影されたものであろう。たしかにそれは考えられることであって、隣山毛越寺に伝わる延年の「路舞《ろまい》」(唐拍子《からびようし》)の詞章にも「五台山ニハ文殊コソ　六時ニ華ヲバ　散ラスナリ　リリヤ　リリヤ　リリヤ」という一節が伝承されている。あるいは、『大鏡』の序にも、「昔の人は、物言はまほしくなれば、穴を掘りては言ひ入れ」て埋めていたのだろう、という話を引いている。これは『王様の耳はロバの耳』(トルコのマイダス王)の物語が、日本に平安時代に伝わっていたものといわれる。そして『入唐求法巡礼行記』などから「入唐僧らが寺院や土店で喫茶しながら語り合った国際の場で、巷話・説話され」て伝わったのではないか、と解説されている(本田義憲氏)。そのように、形のないものも遙に隔たった時や所に伝わるとすれば、日記の筆者・円仁が直に見て心深く惹《ひ》かれた騎師文殊像や紺紙金銀字経が、文化として伝播《でんぱ》することは当然なことである。日本の中央を媒介にして、大陸の辺境から日本の辺境に宗風が投影されたのである。

そして寺伝では、騎師文殊像は鳥羽院から下賜《かし》されたものといわれてきた。鎌倉時代には、そう伝えられていたようである。

その中尊寺の経蔵の長押《なげし》の上の羽目板に、墨の蹟《あと》も大分薄くなっているが自在房蓮光と伝えられる画像があった（現在は讃衡蔵に保管）。八ヵ年を費やして紺紙金銀字交書一切経の書写事業を奉行して、その功で初代の経蔵別当に補任されている。線描は、左膝をたて右脚を敷いた、前屈《まえかが》みの枯れた老僧の風姿である。出自も経歴も明らかでないが、比叡山か園城寺の方にいたのであれば、当時、慈覚大師の『入唐巡礼行記』の経蔵閣のところを読んだか、耳にした可能性もあろう。そしてまた、紺紙金銀交書法華経が延暦寺に現存したわけであるから、あるいはそれを目にする機会もあったのではないだろうか。なにせ、わが国でいまだかつてなかったことを、莫大な「財幣をなげうって」なし遂げようとする大事業であるから、そうした動機なり情報なりを得ていたとみなければならない。

清衡の仏国土経営を先導したのは、史料のなかで唯一、この蓮光であったろうと目され

図 7　経蔵の羽目板に描かれた伝自在房蓮光画像

る。その理念の基盤を成したのが、この金銀交書一切経の書写であった。

さて、中尊寺に遺存する美術工芸が、日本の文化史上、ことに東日本においで質・量ともに突出した位置をしめるといわれるのは、金色堂とそして中尊寺経があるからである。

「太閤、還したまはず」

しかし、その中尊寺経のなかでも(1)の紺紙金銀字交書一切経が、本もとの中尊寺にわずかしかなくて、そのほとんど四二九六巻が和歌山県の高野山金剛峯寺の所蔵であること、また、金銀字交書経と金字経あわせて二〇〇巻以上が河内の観心寺に伝わってきたということに、だれしもが、いつ・だれが・どうして、と思うだろう。

そして、多くの場合、このように説明されてきた。

天正十九年（一五九一）、豊臣秀吉の甥の秀次が奥州再仕置きで南部氏九戸政実を平定した際に、その帰途（浅野長政に命じて）中尊寺経を没収して高野山に寄進した、と。これは中尊寺の寺伝であった。

高野山では、秀衡が寄進したと伝えてきたらしいが、最近はあまり聞かない。

相原友直は『平泉雑記』巻二の「御勅願一切経」に、

太閤秀吉公、此の御経を拝覧あるへしとて、多く京都にのぼせられ、其の後、還し玉はすと云へり。其の経は摂州天王寺に納め玉ふといへと、其の事もさたかならす。又畿内、其の外諸国に散在せるもありと云り。

と書いているのを見ると、当時は、秀吉の命令によるものと見なされていたようで、その後返したまわず、そのままになったと語り伝えられていたわけである。

寺伝の秀次の命であれば、奥州仕置きの戦利品として、また秀次が尚古趣味があったことや、その高野山に係わり深く墓もそこに在るといった状況から、一般に納得され通説として容れられやすかったのであろう、巷間では秀次に定着した感もないでない。不祥事があった、だれがしたとなれば、事情は具体的に、人物は特定した方がよろこばれるのが世の中である。

他に、政宗が持ち出したとする巷間の説もあった。そして、長い時代のなかで中尊寺から散逸したものが、いかなる経路でか知らないが大坂天満の伊川屋が入手して、それを延宝七年（一六七九）に高野山に施入したという説（司東真雄氏）も読んだ。これは、なにやら具体的なようだが、ただ、元禄年間に編纂された『高野春秋』によったもので、吟味を要するであろう。それに、あの膨大な経巻・経箱の搬出は、いつか時代とともに散逸したというようなことにはとうてい思われない。

いずれも確論たりえず、諸氏の論説では、「秀吉のころ」とか「近世初頭」と無難に表現されてきたわけである。

ここに、一つだけ手掛かりがあった。それは醍醐寺座主の三宝院義演の日記『義演准后日記《ぎえんじゅんごうにっき》』の、慶長三年（一五九八）六月八日の条の記事である。それには、

奥州より、先度仰せ付けらる一切経二部、伏見（城）まで参着すと云々。珍重、大慶大慶。早々、当寺へ奉納すべし。今一部は高野山へ申し請《う》けたき上人の内存なり。

と書いているのである。奥州から、先だって仰せ付けられた（秀吉の命令によって搬出された）二部の一切経が、伏見城に届いたということだ。まことに結構なことだ。さっそく、当寺つまり醍醐寺に奉納されるべきものである。それで、いま一部は、高野山の方で欲しいと、前々から上人＝木食応其《もくじきおうご》が所望していた、そう、義演は書いているのである。

慶長三年六月のことである。秀次はいない。秀吉は、この二ヵ月後の八月十八日に死去するわけである。この頃すでに薬石効なく、ご祈禱のほか他事なしとまで記されている。その病気平癒の祈禱にあたっていたのが、護持僧の義演である。天下人のお側近くに侍して我意を通せるあいだになっていたものであろう。あの、三月十八日の醍醐の花見は、秀吉はその日のために三宝院の庭をつくらせ、最後の豪遊であった。そして、義演が心底を

吐露し、奥州から金銀の一切経を奉施いただければ……、と無理な所望をする絶好の機会であった。その朝、義演は密かに神明に祈りを凝らしていた。

中尊寺経の大がかりな搬出は、慶長三年の春のことで、太閤秀吉の厳命によるものであった。そして、秀吉にそれを所望した護持僧三宝院義演と、これも秀吉に信任厚かった高野の木食上人応其が係わっていたことは、間違いないようである。それがただ、世の中には太閤「拝覧あるべしとて、多く京都にのぼせられ、其の後、還し玉はず」といった形でしか伝わらないものなのである。あるいは、政宗が搬出したという巷間の説も、それが秀吉の命を承けて政宗が手配した、ということならば事実を伝えているのかもしれない。当時、政宗は秀吉の命に背くことなどできない微妙な立場にあったこともあわせて考えられよう。

困ったことに、その伏見に荷着した二部の一切経が、「中尊寺経」と明確に記していないので首肯しがたい、という人がいる。確かにそう、明記してあればなにも問題はないわけであるが、すべての事象が史料に明記されるとは限らない。そういう支証が得られるものは極くわずかなはずである。あるいは、義演の日記とは違って、中尊寺経は醍醐寺には無く、高野山の方に行ったのはどういうことかが不審でもあったらしい。言えることは、護持僧の政治力とか権力者との約束などというものは、その権力者が健在・存命のうち、だけのことである。八月には秀吉は死去してしまう。約束が反故《ほご》になるのも当然の成り行きであろう。それが、もしかしたら『高野春秋』が伝えるように、大坂天満の市人伊川屋に関係したのかもしれない。いずれにしても、高野山に、河内の観心寺に蔵されているのは、紛れもなく中尊寺経である、という事実があるわけである。奥州から、中尊寺経の他に、一切経が搬出したとは聞かない。京都の方に、奥州から入った他の一切経があるとも聞かない。その上で義演の日記を見れば、その一切経がどこのものであるか明らかであろう。

以前、こうした私見を提示した。その後書き換えた辞典もあるが、まだ秀次説を墨守している出版物は多い。なにか、依拠があるのであろうか。

了翁和尚と上野勧学寮

江戸時代の寛文年間、羽後尾勝（秋田県湯沢市）から、一人の若き僧が中尊寺に詣でて、経蔵の経架が空になっていることに悲憤して、幻の金銀字一切経の探索・還納を誓った。それが後の、了翁《りょうおう》和尚道覚《どうかく》である。上州（群馬県）世良田長楽寺にて台密を受法し、また、黄檗《おうばく》宗の隠元《いんげん》禅師に師事している。所伝によると、さらに薬方を知って上野の池ノ端に薬舗を開き、自ら調剤した「錦袋円《きんたいえん》」で巨利を得、その財で書物を購入して仏書・漢籍等三万余巻を蔵し、講堂を建て勧学寮を創立した。わが国最初の図書館である。明治維新で跡地は官地となり、そこに上野図書館・博物館や美術学校（現在の東京芸術大学）が開設された。言うなれば、了翁和尚の勧学寮創立にその淵源がもとめられよう。

中尊寺に金銀字一切経を還納することは果たせなかったが、了翁はその生涯に黄檗版一切経を諸山に納めている。

権力の近くにいた一人の我意が、時代を越えて人々に残したのは空の経棚と心の後遺症であった。しかし、それを発奮の契機にして文化に貢献した野僧《やそう》もいたのである。

平成五年に、高野山金剛峯寺・河内観心寺・日光輪王寺のご理解とご好意によって、「中尊寺経」四〇〇年ぶりの里帰り展——が実現した。あらためて仏説・金口の文字、見返し絵を拝み見て、「宝浄の世界」に浸《ひた》ることができた。

一字金輪仏頂尊（重文）

「人肌の大日」

中尊寺の秘仏・一字金輪仏頂尊《いちじきんりんぶつちょうそん》は、俗に「人肌の大日」と称され、秀衡の念持仏と伝えられてきた。頭髪を高く結《ゆ》い上げて五智の宝冠を戴《いただ》き、朱唇《しゅしん》が鮮やかに映える麗容《れいよう》である。優しく眉《まゆ》を引き、伏目がちの面ざしに玉眼（水晶）がキラと光る。

梅雨秘仏　朱唇最も　匂ひける　　水原秋桜子

仏名の「一字」とは、この尊仏が種字だけでなく御真言も、梵字の（ボロン）一字で表象されるからであり、あらゆる仏・菩薩の功徳を一身に籠《こ》められた、金輪のごとき最高最勝の仏頂尊であることを表している。像容は、金剛界大日如来と同じく、手は胸の前で智拳印《ちけんいん》を結び、如来であるが腕に臂釧《ひせん》（腕輪）をつけて身を荘厳《しょうごん》する菩薩の姿で、転輪聖《てんりんじょう》王《おう》としての尊格を示している。

一字金輪仏は、図像、曼荼羅《まんだら》の主尊としては、京都の醍醐寺・奈良の南法華寺など余所にも伝わっているが、彫像の、平安・鎌倉期のものは稀少で、他に一、二例あるかといった程度である。しかも、この中尊寺の一字金輪像は構造が極めて特異である。カツラ材の寄木造であるが、その寄せ方が普通でない。材を何段かに輪積《わづ》みして頭・体部が空洞になっていて、腕の方まで内刳《うちぐ》りしている。そして像の背面がないのである。つまり、この像は半肉彫り（高肉彫り）のような像形なのであるが、正面からはとてもそのようには見えない。奥行きが浅く、背面を切り落としたような形状が、いささかも正面観に支障をきたしていない。像の頭体部がそのまま銅板鍍金《ときん》の大円相の光背に密着しているから、あたかも大日輪のなかから、尊体がフッと眼前に出現したかのように拝むことができるし、そう拝んでいただきたいのである。

体部内側は布貼《は》り漆塗りされていて、胸の裏側に種字の梵字𑖥𑖿𑖨𑖳𑖽の金銅製円板が、また、腹部の内側に大日如来の種字𑖪𑖽（バン）の円板が釘留《くぎど》めされている。

造像当初からこのような形状であったのか、本来は丸彫りであったものを後世、改作したものか、先学の意見も分かれるところであるが、付属の天蓋が横長の楕円形で、奥行きの浅い本像の現形状にふさわしい。当初から背面がなかった、半肉彫りのような現在の姿であったろう、と私は思っている。

天蓋は、円相部のまわりに八葉を付け、その一々に雲中供養菩薩が浮き彫りされて、緑《ろく》青地《しょうじ》に朱色の雲が流れる虚空《こくう》を、細身の八供養菩薩が飛行している。

光背は、金剛界大日如来の光背は月輪（白色）であるはずが、本像の光背は金銅板の大円相である。これまでの論著には、光背は鍍銀（銀メッキ）と解説しているが、鍍銀でも錫でもない。鍍金の大円相であるから、これは日輪であろう。儀規《ぎき》に則していえば、胎蔵界大日の光背が日輪（赤色）で、それになる。ということは、金剛界と胎蔵界を兼ねた尊格といえる。天台の密教（台密）では金・胎両部の上に蘇悉地《そしつじ》を別に立てて三部とするので、これに即応するのかも知れない。蘇悉地の極意である根本神咒が、金輪の𑖥𑖿𑖨𑖳𑖽なのである。

この希有《けう》なる、しかも優美で特異な構造の一字金輪坐像は、それ故にこれまでは美術・彫刻史の視点から論じられてきた。

製作はいつの時代か。造像年代の一つの手掛かりは玉眼である。周知のように、玉眼の最も早い例は奈良長岳寺の阿弥陀三尊像（仁平元年・一一五一）とされており、それから、常識的にどこまで下がるか、ということになろう。

諸説は、中尊寺に伝世する他の工芸技術とあわせ考えたり、平泉が中央から文化をどのような姿勢で摂取してきたか、藤原氏滅亡後はどういう状況であったか推測し、この一字金輪像を論じる。なかには、文治五年、大檀那滅亡以後において造像された可能性もあるとして、この像の造形上の独創性を主張する人もいる。そしてこう言う。平泉の文化はひたすら都の文化を模倣してきた。都にないものを生み出す必要に欠けていた。頼朝の討伐は平泉のその方向を定めていたものを消し去った。平泉の持っていた高い技術と造形力が、在地の信仰と接点を持ったとき、このような一字金輪像を生むきっかけになり、そのとき懸仏《かけぼとけ》の形式が採用されたのでは、と推論を展開している（田中恵氏）。

しかし、それが一字金輪仏であるということ、一字金輪仏とはどのような尊体であるかについては触れていない。もし、前に述べたように蘇悉地に相当する最勝の仏頂尊であるとしたら、そこをもっと正面に据えて考える必要があるであろう。なにせ「一切の諸咒の効能を破す」、折伏《しやくぶく》する中心の尊格なのである。そうした究極の修法を、文治五年藤原氏滅亡以降に、平泉でだれのために、だれが修法したであろうか。もとより、仏師が自らの創作意欲だけで一字金輪仏頂尊を造形してみたなどとは思われない。美術品としてでなく、修法の尊格として、そこから思索をめぐらすのが基本かと思う。そして、この輪積みの特異な構造になっていることも、他の桂材でなく、材を足し繋ぎしてもその特定の桂木でもって彫像することに殊更の意味があったのかも知れない。いずれ、特異な構造であることにはそれなりの理由があったはずである。

『阿娑縛抄』

そこで、台密の修法作法について、修法目的・支度《したく》・尊像・道場・行法などを集成した『阿娑縛抄《あさばしょう》』（第五六）を少し見てみよう。十三世紀、承澄あるいはその弟子尊澄が編集したものとされる。関係するところを抜き出してみる。

○金輪に浅深あり。いわゆる大日金輪、釈迦金輪なり。
①「金剛頂経一字頂輪王瑜伽《ゆが》一切時処《じしょ》念仏成仏儀軌」（略称「時処儀軌」）は大日、
②「一字仏頂輪王経」は釈迦金輪の所依の経なり、と説く。
○①の「時処儀軌」は「大日即金輪」なりとする。
○この法は秘法なり。真言では、一字金輪法は東寺長者に非ずば修法させず。
○保延六年二月には、崇徳院病にて内裏で、この時は二十五壇立てで修行した。
久安二年十二月には、長星（ほうき星、兵乱の兆し不吉）にて皇后が願主で修した。

平治元年八月には、姫宮の御祈禱に修した。

○像の姿形は、①の「時処儀軌」による。

「形服は素月の如し。一切相好をもって用いるに法身を荘厳し……金剛宝冠を戴き……智拳の大印を持し、師子座に処すに日輪白蓮の台なり」

○唐本曼荼羅あり。金輪は智拳印に住し、日輪の中に在り。五仏の冠を戴き、身色は純白なり〔高雄本には、白肉（色）なり〕。蓮の下に八師子あり〔高雄本には七師子〕

○道場は、①に云う。「本尊像は、室内に西に面して安置す。瑜伽者は東に面す」と。

蘇悉地とは妙成就と訳される。余の修法で成就できないときにはこれによるべきものと説かれている。その根本神呪が[梵字]であり、印形は金剛界大日と同じく智拳印を結ぶが、その光背は胎蔵界のごとく日輪に住し、したがって東を背にして安置する。しかもその遍く照らす如来身の「形服《ぎょうぶく》は素月《そげつ》のごとし」なのである。

密教は己証の法門であるから、「秘経ノ能詮ハ事理兼説ス」言葉を尽くして解説しても、事行を兼ねてうけとめないと相応した真実の理を照見できない。ことにも、蘇悉地の大法は金・胎両部の大阿闍梨位に登った後に授くべしとされる。それに相応する一字金輪法は、秘中の秘法であって、容易に修法されるものでなかった。

しかし、概して経文とは、教えの原理や構造を語るのではなくて、教えに入るにはどうしたらいいかを説いているものである。仏師は、①の「時処儀軌」のなかに説く「この智輪を観ずるに、変じて金輪王となり、遍照如来の身、形服は素月の如し」の偈文を心読し、願主の素願を汲んで、桂材に向かったに違いない。

尊容蘇生

この人肌の尊像は、近世、山内の南谷常住院に襲蔵されていた。南方の鎮守「山王社」の本地堂別当がその南谷の常住院である。山王権現の本地仏がこの金輪𑖥𑖿𑖨𑖳𑖽とされるから、なるほど理に相応する。いや、厳密に言えば、山王の本地は釈迦金輪と説かれる。それでまた、話がややこしくなるが、建武の文書には「常住院〔釈迦三尊〕、釈尊院〔本尊同前、皇帝御仏〕……」などとあり、常住院は単に塔中支院ではなくて、釈迦三尊を祀る寺堂の院号を継いだ古院であった。さらに応永二十八年（一四二一）の文書に「常住院修正田三段」とあり、古くは修正祈禱もした堂であったことも知られる。ところが、これが寛永十八年（一六四一）の「中尊寺境内除地朱引絵図」には、「南谷　日吉社・同御本地堂、大日」と記されている。釈迦金輪でも釈迦三尊でもなく大日如来が本尊とある。けれども、天台では、釈迦と大日とを別体と見るよりも一体のものとするから、そういう観点からすれば必ずしも齟齬《そご》しない。一字金輪仏が本来安置されてあったであろう金輪閣の遺構は不明であるが、いつのころからか、この山王社に移され本地仏とされてきたのであろう。

像内に修理の銘札があって、延宝四年（一六七六）に伊勢国荒木田庄朝熊山の理円法師が、奥州巡錫《じゅんしょう》の途中に立ち寄って補修したと伝えている。体部の胡粉彩《ごふんさい》はそのときのものであろう。面《おもて》の肌色に比べて明らかに白い。白過ぎるのは彩具が無くて止むを得なかったのか、あるいは理円法師が唐本曼荼羅を見て、また『阿娑縛抄』を知っていて「身色は純白なり」とあるのに依ったからなのであろうか。……

修理銘札を見ると、普通は「奉修繕……」といったように書くと思われるのだが、そうではなく、「奉造立大日如来尊像……」と墨書している。そこで注意して読むと、「大破していたのを見て、留まって細工し奉った」とある。つまり、この坐像がそれ自体で姿勢を保つことができないほど大破し傷んでいたらしい。体部の整形補修が、新たに造立したも同然であったことを、「奉造立」の銘が如実に語っている。

ところで、この修理銘を墨したのは誰であったか。補修した理円法師自身ではない。札の裏に「南谷祥珠院快祐　敬白」とあるが、自院を「祥珠院」と誤記するとも思われない。当時の常住院住持はたしかに快祐で、札の表銘は快祐の筆跡であろう。蘇った人肌の尊像を目の当たりにして、「穴賢々々」（ああもったいない、もったいない）と敬白し、挙げ句に「南無阿弥陀仏」と結んでいる。笑うなかれ、本地仏が転倒していても手を付けられなかったほど、困窮していたのであろう。それが、たまたま理円法師という修行僧がここに逗留して補修してくださった。蘇った尊像を拝し、どれほど歓喜したことか。大日如来の前に跪《ひざまず》き合掌して、自然に口を出たのが南無阿弥陀仏であったわけで、朴訥《ぼくとつ》な快祐の心情がうかがわれようというものである。

札の裏銘はだれが書いたのであろうか。実は、寛文から延宝とこの時期、平泉の寺院は幕府の本末統制がこの伊達領内にもいよいよ徹底されてきて、山内には真言の法流を汲んだひとびとがいて動揺していた。院主はそれで四年後に追放になる。この延宝四年の九月に本寺東叡山より「奥州平泉関山法度条々」が制定されたが、その際それに一通の書状が添えてあった。このたび金色院が清僧に改まったのは結構なことである、と述べている。修理札の二カ月前のことである。裏銘は、あるいは金色院に入院して間もないその勇仙ではなかったかとも推測される。というのは、常住院の快祐の祖父は松吉姓で、京都からこの地に来たって廃坊を中興したのであり、それ以前（応永のころ）、常住院の所帯が金色堂別当職に属していた経緯があるからである。それに勇仙は当時まだ若かった（三十歳前後カ）。清僧の潔癖さか若年の故か、裏銘の筆跡には固さが抜けていない。

平成八年度文化庁科学研究費助成による中尊寺を中心とする美術工芸品の総合的調査が実施された（代表有賀祥隆氏・彫刻分担は水野敬三郎氏ほか）。秘仏一字金輪仏坐像にも初めてX線透視撮影や蛍光X線分析の光学的調査がなされ、各専門により分担精査されている。材の寄せ・別材当て継ぎ・整形などの詳細が、近く報告されるので、期待して待ちたい。X線が、この像の原形と、後補の細工の手の内までなにか未知の情報を提供してくれるかも知れない。

現在の春日厨子と白蓮八師子の台座は、昭和三十八年に新調されたものである。

神、鎮もる山

白山禅定の霊神

これまで、『吾妻鏡』文治の「寺塔已下注文」の骨組みに沿って、中尊寺のかたちと堂の輪郭を描き、「平泉の世紀」といわれるものの清衡の段階で達成したのは何であったのか、ということも考えてきた。中尊寺の「寺塔已下」の記載も終わりに近い。

「祝詞」披見

鎮守は、即ち南方に日吉社を崇敬し、北方に白山を勧請《かんじょう》す。

とある。これが、建武元年の衆徒等申状案によると、前九年の戦で源頼義・義家が安倍氏追討の折に、関山の月見坂（表参道）より当社を遙《よう》拝し、瓶尻《みかじり》・小前沢の二ヵ村を寄付して戦勝を祈願した。社は金銀に朱丹の彩色で営作された、と伝えている。この建武の申状は案（写）ではあるが、記載内容には他の史料に支証が得られる記事もあって、それなりに依拠とするに足るものとしていい。

ところで、古来、鎮守白山社の祭礼は卯月（陰暦四月）初午の日にとり行われてきた。その神事の延年《えんねん》「式三番《しきさんば》」の開口《かいこう》・若女《じゃくじょ》・老女の面が遺存する。いずれも古格というか趣の深い貴重な面である。とくに若女面（重文）の面裏刻銘は正応四年（一二九一）に施入されたことを伝えている。江戸期の史料によると、祭礼は三月末の午の日から前行として結衆は稽古に入り、当日は、寅ノ一点の刻（午前三時）に白山宮を開扉し献供作法あり、御本地供（十一面供）を修行する。氏子による獅子舞の後、「御一ツ馬」の行列供奉があって、引きつづき禰宜《ねぎ》山伏（周明院）が神楽を勤める。それから一山結衆による田楽・ロマイ、そして古実「式三番」と神事能数番を勤めてきた。

中尊寺の恒例年中行事のなかでも、とくにこの鎮守白山祭礼と十一月二十四日の天台会の法要は、当山の伝統として厳重に勤めるべきものとされてきた。

御一ツ馬の行列や田楽は明治になって絶えてしまったが、今日なお、古実式三番は結衆（修養階梯《かいてい》）を終えて役席を上がった者が、一山の交衆《きょうしゅう》になりハレの舞台として開口・祝詞・若女・老女をそれぞれに伝習して勤めており、前三七日（二一日）に身内に不幸があった者は出仕を忌避《きひ》される。型や詞にも秘事・口伝があって、自然、一山の者であることを自覚させる契機にもなっているようである。

「開口」「祝詞」の詞章も、昭和二十年代までは「他見を許さず」秘伝とされてきた。いま、祝詞の辞句の一部をここに引いてみる。

それ《夫》をもん《以》見れは、当社権現と云は、安養《あんにょう》九品のなふご《擁護》の如来、衆生けど《化度》のために、十万（億）の雲霞をわけて、唐土の釈迦いん《院》にきた《来》つたま《給》へり。遙にほくろく《北陸》のすはう《崇峯》をしめて白山せんぢやう《禅定》の霊神と現れ給へり。其の後、当山の鎮守と勧請し奉しより以来《このかた》せいざう《星霜》歳積れり。……煩悩解脱のあか《垢》を雪《すす》ぎ、しそ《緇素》かつかう《渇仰》をいたひ《懐》て、くきやう《恭敬》を我山にいたさん。別しては……。（元禄五年の伝書による）

と奏上する。清衡は、中尊寺の堂塔創建にあたり北方鎮守として北陸の白山を勧請した。安養九品の、「なふご」は擁護で、「常に来たりて擁護したまふ」「聖衆と倶《とも》に来たり、引接し擁護したまふ」（『往生要集』第六）ところの阿弥陀如来が、衆生を化度せんがために（済度）唐土に来たり、遙かに日本の北陸白山の霊神と現じ給うた。「せんぢやう」は禅定で、本来は心静かに瞑想し心身の安定した状態をいうが、日本ではこの場合のように霊山の山頂を意味して禅定ともいうのである。そしてその渡来の霊神を当山の鎮守として勧請し奉って以来、「しそ」（緇素、僧も俗も）渇仰して（心から崇め奉り）、恭敬して（うやうやしく敬って）きた……の意味である。

天明八年（一七八八）に平泉を遊歴した菅江真澄《すがえますみ》は、ここに祀る白山の神霊は菊理姫《くくり》の神ではなく「その韓神《からかみ》にてぞいまそかりける」と書いているのも、そうした意味である。

「秀衡公寄進師子・狛犬」

北陸の白山は神々が鎮《しず》もる山である。主峰の御前峰（二七〇二メートル）は白山妙理大権現、本地は十一面観音である。大汝《おおなんじ》峰は本地が阿弥陀如来、南に離れた別山は聖観音を本地とする。三峰に三所権現を立てる「本地垂迹《すいじゃく》」の霊峰である。渓谷を北に落ちる水は加賀の手取川、越前の九頭竜《くずりゅう》川となり、そして白川・庄川の水系が美濃の長良《ながら》川となる。

登拝路の起点を「馬場《ばんば》」という。加賀の馬場は石川郡の白山寺（白山比咩《しろやまひめ》神社の前身）であり、越前は勝山の「平泉寺」である。美濃の馬場は岐阜県郡上《ぐじょう》郡の石徹白《いとしろ》——といっても、海抜九〇〇メートルのこの村が福井県の大野郡から分村して、岐阜県白鳥町に越県合併したのは昭和三十三年のことであった。

この石徹白の白山中居《ちゅうきょ》神社に、奥州の藤原秀衡が寄進した銅造の虚空蔵《こくうぞう》菩薩坐像が祀られてきた。明治の神仏分離の際に、在所の人々が大師堂（白山を開かれた泰澄を鑽仰《さんごう》する堂で泰師堂と書いたものもある）を造ってそこに密かに遷《うつ》し、護持してきた。それだけでなく、八〇〇年前にその虚空蔵が寄進されたとき、秀衡の命によって御像に供奉《ぐぶ》して当地に遣《つか》わされて来た家臣の末裔《まつえい》の方々、代々そう伝えられてきた「上村《うえむら》十二人衆」という人達がいる、というのである。

その年の七月に、中尊寺貫首のもとに一通の手紙が届いた。このたび、御地秀衡公より寄進された虚空蔵の御像を保存するために、大師堂の奥に宝物収蔵庫を建設して遷すことになったが、これまでお祀りしていた観音堂が空になってしまう。それで新たに虚空蔵の尊容を模写したので、その画像の開眼修法を、因縁によって中尊寺貫首にお願いしたい、という内容であった。中尊寺のだれもが初めて聞く話であった。

ちなみに、井上正氏はこの石徹白の虚空蔵菩薩像の秀衡伝説について、石徹白に残る「上杉系図」の内容を検討して、元暦元年（一一八四）二月に上杉宗庸《むねやす》らが平泉から越前に入り、翌年、石徹白と伊野原の地に仏像を安置したという記事、またその一族や郎等《ろうとう》が白山社の社人《しゃじん》となったという所伝を、当時の頼朝と秀衡の緊張した関係を踏まえて、その史実性は疑う余地がない、としている（『仏教芸術』一六五）。

三年後の夏、多田貫首と老僧方が白山本宮と石徹白虚空蔵菩薩を参拝することになり、私も随行した。まず、石川県鶴来《つるぎ》町の白山比咩神社に参り、宮司のご案内で宝物殿を拝観した。正面奥に、阿形《あぎょう》の師子、吽《うん》形の狛犬が、陳列ではなく安置されていた。そういう空間を得ていたからか、堂々としたその姿形ゆえか、そう感じられた。この一対の像の間に「奥州藤原秀衡公寄進」と説明板が付されている。最初から、予想を超えた〔物証〕を眼前に示されたような思いである。江戸時代からの当社の記録『白山諸雑事記』には「本社の前、二つのこま犬は、往昔、陸奥・出羽の押領使秀衡の寄進。運慶の作と云」とある。まさに秀衡の寄進というにふさわしい風格を示している。彩色は落ちて漆黒の、凛《りん》とした肢体である。運慶作というのはともかくとして、むしろそれより少し前、平安末期の制作を思わせる。

この一対の師子・狛犬の像は、それから六年後の、平成元年に国の重文に指定された。『月刊文化財』三一一号に「新指定の文化財」として、つぎのように記されている。

獅(師)子・狛犬像の平安期に遡る遺例はきわめて少ない。滋賀・御上《おがみ》神社、京都・藤森神社、広島・厳島《いつくしま》神社など、すでに指定されている。本一対像はこれらに比べて一段と大型のものであるが、前肢を揃えてほぼ正面向に前傾するやや胴長の姿、身体にそって後方へ柔らかく流れるたてがみ、筋骨の盛り上がりを控えた表現など、前記古像と共通するところが多く、相近い頃の制作であることを思わせる。しかし、厳島神社の像と比べると、本一対像では躰部に比して頭部が大きく、威嚇《いかく》の表情が直截《ちょくせつ》であり……鎌倉新様の芽生え始めた平安時代も末期とみるのが妥当であろう。平安期獅（師）子狛犬の大作として推賞される。

〔いつの日か、この師子・狛犬の一対を平泉で……〕と、心底ひそかに思いを残して辞したのであった。

石徹白の虚空蔵

その翌日、石徹白に入った。中世の社会組織が明治のはじめごろまで残っていた、と柳田国男がいった村である。

大師堂には講中の方々が待っておられた。石段を登って宝蔵に向かった。扉が開かれてしばらくの間、貫首は合掌して口に低く御真言を唱えておられた。左手に大きな水晶の珠を持し、右手に三鈷《さんこ》剣を執り結跏趺坐《けっかふざ》する虚空蔵菩薩の鍍金《ときん》の尊像が拝まれた。八葉の宝冠を戴き、白毫《びゃくごう》の水晶、頭髪や眉などに施された群青彩《ぐんじょういろ》、眼の輪郭には朱がさしてある。安定した正面観である。いいようのない感動につつまれた。

尊像に額《ぬか》ずいた貫首は、それから静かに向きを換えて、その人々に掌を合わせた。

「永い、永い、ご無沙汰をいたしました。御尊像を、こうしてお護りくださって、有り

図 8　虚空蔵菩薩坐像（岐阜県石徹白）

難うございました……」

諸々《もろもろ》の思いが、たったその一言で通じたようであった。なにか、ことばを超えたものを、その場にいたすべての人が感じていた。講中代表の上村喜平氏が、この御像にまつわる話を、この日を待っていたかのように語りはじめた。ことに、神仏分離の前夜の緊張した様子は印象的であった。この上村十二人衆とは、秀衡寄進の伝説の生き証人なのだ。白山の峰々、美濃の深い峪々《たにだに》が、時代の変革とか時流とか、そうした人間社会をせわしく変えるものを遮《さえぎ》ってきてくれたのである。

数刻して後、中居神社を参拝した。老杉に囲まれた境内に、宮司のほかにもうひとり、小柄な老人が袴《はかま》姿で佇《たたず》んでいた。自分から話かけるといったことは、決してしたことがないような風姿である。おもむろに、こちらから伺うと、やはり上村十二人衆の一人で、はじめて見る同郷の人間われわれに、終始じっと目を注がれていた。

帰途、岐阜市に至るまでの道のり、先ほどの虚空蔵の印象に重ねて、十二人衆のことを思いめぐらしていた。平泉のひとに、藤原三代を鑽仰する多くの人々に、あの虚空蔵をぜひ拝んでもらいたい。そういう機会を、私たちはつくらなければならないのだと思う。秘仏・一字金輪仏とあの虚空蔵と、どこかあのお顔に通じた趣さえ感じられた。二尊並坐の御開帳ができたら、とその光景を想像してみた。そして、この虚空蔵の御像に供奉して奥州平泉からきた藤原氏家臣の子孫である、とあの人達は自認して疑わない。人の言い伝えといえば、概して不確かな事象ではあるが、いったい、人間の歴史のなかで、なにが確かでありなにが真実であるのか。不確かなことがらの繰り返しのなかにも真実があるのではないか。少なくとも、彼らの先祖が代々そう伝えてきたということは事実であり、そこに移ろわぬ意味が生きているのである。

虚空蔵菩薩の里帰り

翌年の八月、私たちは再び石徹白を訪ねた。そして、意を決して話をもち出した。虚空蔵菩薩の御像を、八〇〇年ぶりに中尊寺に里帰りさせていただけないものか……。むろん、話にもなにもならない。誰もが無表情のままである。そんなことを言いに来られたのか、という不審が顔々にあった。この村びとは、明治の排仏毀釈《はいぶつきしゃく》の嵐に抗し、お上《かみ》に楯突《たてつ》いてもこの虚空蔵の御像を必死に護ってきた。いま目の前にいる人々も、白山へのひたすらな信心をよすがに、しかも、この御像に供奉してきた末裔であることを確信して生きてきているのである。中途半端なものではない。ムラ社会の連帯とか統合を助長する主なる要因として神仏への信心があげられるが、彼らの社会、人生そのものの意味の基盤が神仏への奉仕にあったのであろう。御像を「外」に持ち出すなど、まったく論外なのである。

が、それを承知の上でなお、通じるものは誠意しかないと、思いの丈《たけ》を語った。

寺から出向いたわれわれ二人だけが現代の客人で、そこにいるあとの全員は「中世」を背負った民かと――。あのときの、そんな印象がふと、一コマだけ思いだされる。

無理な話に、ようやく御承諾の電話をいただいたのは、その歳大晦日の前日であった。明けて、昭和六十一年は「秀衡公八〇〇年御遠忌特別大祭」の年である。

岐阜県石徹白の虚空蔵菩薩と、中尊寺の秘仏・一字金輪仏頂尊。時空を超えて二尊並坐御開帳を柱に……。新聞各紙も、その歴史の意味に触れて報道してくれた。

越前「平泉寺」と奥州平泉

越前「平泉寺」

加賀・美濃の馬場についての追想をたどった。残るは越前の登拝口「平《へい》泉寺《せんじ》」である。平成四年五月、福井県勝山市の、平泉寺を訪ねた。ちょうど式年の大祭の年で、参道は、三三年ぶりの本尊御開帳とあって出店も並び賑わっていた。

二ノ鳥居の前を左に折れると御手洗池《みたらし》があった。この池が、平泉寺の名の由来と伝えられる「平清水」である。深い緑に囲まれた水面は鏡のようである。いまだかつて、枯渇したことがない、という。開山の泰澄伝説によると、この池のなかの石に十一面観音が現れて中居の地であると告げた、それでその石を影向石《ようごう》と称《い》う、ということらしい。仏教的に解釈すれば、泡立《あわだ》たない、平らかな寂浄の境地の表象、「平清水」という呼称はそのように受けとめることができる。

ところが、現実は静寂な境地どころか、そこから諸々のことを思いあわせて思索混沌とするのである。

歴史の地下水系

(1) 白山社領平清水については、已講相仁・三井長吏覚宗に関説して前に触れた。それはさておいて、山形市にも平泉寺という天台宗の寺があり、鎮守としてやはり白山の小祠を祀っている。その在所の字名が、また「平清水」なのである。

(2) 文治五年に頼朝が平泉からの帰路、達谷《たつこく》の窟《いわや》に寄っている。『吾妻鏡』に、

田谷窟なりと云々。これ（坂上）田村麿・（藤原）利仁《としひと》ら将軍、綸命《りんめい》を奉って夷を征するの時、賊主悪路王《あくろおう》ならびに赤頭ら塞《とりで》を構うるの岩屋なり。……坂上将軍この窟前に九間四面の精舎《しょうじゃ》を建立し、鞍馬寺に摸し多門天像を安置せしめ西光寺と号す。

とある。文中の藤原利仁は、征夷大将軍の坂上田村麿と併記されているが、延喜十五年（九一五）に鎮守府将軍に任命されているから、田村麿が胆沢城を築いてから一一〇年以上も経っている。利仁については、『今昔物語』巻一四・二六に説話があり、「鞍馬寺縁起」に参籠して戦勝祈願したことが伝えられている。その家系からは越前押領使や白

山長吏が多く輩出している。

(3) 前にも述べたが、清衡がなし遂げた紺紙金銀字交書一切経（五三〇〇余巻）の書写という未曾有の大事業であるが、いったい、あの料紙は何処から調達したものであろうか。九万張もの大量の斐紙をどこで漉《す》いて、紺染めしたものであろうか。浸《つ》け染めであればどの川で、藍の灰汁《あく》と余分な染料を流したのであろうか。中尊寺経の料紙は越前で、ということもありそうに思われる。

(4) 奥州の「平泉」という地名が文献に見えるのは、西行の『山家集』に、

陸奥の国に平泉に向かひて、たはしね《（束稲）》と申す山の侍《はべる》に、異木は少き様に桜の限り見えて、花の咲きたりけるを見て詠める

きゝもせずたはしね山の桜花吉野の外にかゝるべしとは

とあるこの詞書が初見である。これを西行初度の陸奥下向のときに詠んだものとすると、康治二年（一一四三）をあまり下らないころ、とみなされている。

前にも触れたように、越前の白山「平清水別当」が「平泉寺別当」と記されるようになったのは、嘉応二年（一一七〇）ごろからのようである。嘉応二年といえば、秀衡が鎮守府将軍に叙され、その威勢が中央でも無視できないほどになってきた時期である。

越前の平清水（平泉寺）と、出羽山形の平清水の平泉寺と、奥州の平泉がどう相関しているのか、私にいま確たる所見があるわけではない。ただ、白山の三馬場に、歴史が置き忘れていったものがあった。そして、それを大事に大事に護ってきた人々との邂逅《かいこう》があった。歴史の絆は、こうして蘇ったのである。

〔平成五年、「宝浄の世界」展を企画。高野山金剛峯寺所蔵の中尊寺経とともに、石川県白山比咩神社所蔵の師子・狛犬の里帰りも実現した。〕

「中尊寺史」もう一つの視点

寺号「中尊寺」補説

通説・『平泉雑記』

相原友直の『平泉雑記』はその名のとおり雑録ではあるが、碑文や梵鐘銘、文書類も収め、平泉の歴史にまつわるくさぐさの譚《はなし》を記し、文献を引いて若干の考証や所感の筆も加えている。

その巻五に、「関山中尊寺の号」と題して、つぎのように述べている。

関山の号は、山下に衣関あるに依て名付たる事分明なり。中尊寺の号は、清衡奥六郡管領の最初に、下野・陸奥の境、白河の関より外ケ浜に至る迄廿余ケ日の行程に……、この山、白河関より外ケ浜迄の中央なるによりて山の頂に一基の塔を立て仏像を安置し中尊とせしこと明かなり。

と誌している。そして〔両院共に東鑑に因て愚按を書す〕と割注している。両院とはいうまでもなく、巻二の「医王山毛越寺号ならびに金剛王院」の記述を承《う》けて、中尊寺と毛越寺を指している。

友直は、『吾妻鏡』の文治の「注文」によって、中尊寺の寺号は白河関より津軽外が浜に至るちょうどその中央に位置するので、塔を建て仏像を安置して「中尊」と号した、そう見ているわけである。この説が寺伝としても語りつがれてきた。安永四年（一七七五）に中尊寺から書き出した『関山風土記』の稿にも、「……中央に当寺相建ち候故、中尊寺と号せり」と記しているとおりである。そしてこれが巷間に通説となってきたのである。が、果してそうなのであろうか。

外が浜については、従来は漠然と津軽の陸奥湾のどこか、と想定していたが、「外」の浜と意識して見れば、北津軽の外海に面した七里長浜の方が蓋然性があり、さてそのどこかとなれば、十三湊《とさみなと》（市浦村）ではなかっただろうか。そうすると、奥の大道は環日本海交易の海の道に繋がることになる。

そういう奥の大道の中央であるから寺を「中尊寺」と号したというのであるが、それはどうであろう。

『吾妻鏡』の「注文」には、当国の中央を計って、その山頂に一基の塔を建てたこと、寺院の中央に多宝寺（塔）があったこと、そこが関路となったとは書いてあるが、どこにも奥州の中央だから中尊寺と号したとは書いていない。そもそも中尊寺の位置は、清衡が伝領した安倍氏の故地・奥六郡の南に越えた所である。清衡の時代に、この平泉の地にいかほど奥州の中央地点といった意味を感じていたであろうか。『吾妻鏡』の「注文」はむろん、清衡の時代の記述ではない。六〇年以上の歳月が過ぎ、すでに大檀那・藤原氏が族滅して平泉寺院の存亡がかかった、緊迫した状況における記述である。そこにわざわざ「当国の中心を計りて」と記したところには、いささか事大的な意図もあったかも知れない。それは措《お》くとしても、『吾妻鏡』の「注文」の記事から、友直がこの『雑記』の文を成したとするならば、それは友直の思い過ごしではなかったろうか。

西行「中尊と申す処」

史料に「中尊寺」と書かれてある最も年次の早いものは、天治三年の「供養願文」輔方本の端書であるが、これについてはすでに述べたように、嘉暦四年に模写に添えておくべきものとして輔方に書いてもらったものを、後に貼りついだものであるから、鎌倉時代の最末期になる。

つぎは同じく天治三年の、三月二十五日付（つまり落慶供養の翌日の）、経蔵別当職補任状案で、冒頭に「鳥羽院御願　関山中尊寺金銀泥行交一切経蔵別当職のこと」とある。これが初見になるわけであるが、この文書には疑問の余地が無くはない。これに端裏書きがあって「もし入る（要る）ことあらば、この案文を進め（進むべく）候なり」と書かれている。この文書は何らかの証拠として必要がある場合のために、あらかじめ用意されてあったものであることがわかる。そして文の書式も補任状でありながら所領の寄進状ともとれるような未熟なものである。加えて、これに関係する保延六年三月二十八日付の文書も二通あるなど、これは後日、何かによって成文されたのではと怪しまれるほど、文面の整わない文書であるので、これを「中尊寺」の初出の支証とすることは差し控えたい。

さて、西行の歌集『異本山家集』に、つぎのような詞書と歌が収められている。

奈良の僧徒、科の事によりて数多《あまた》みちのくに遣されたりしに、中尊と申す処にてまかり逢ひて、都の物語すれば涙を流す。いと哀れなり。かかることは有りがたきことなり。命あらば物語にもせむと申して遠国述懐と申すことをよみ侍りしに、

涙をば衣川にぞ流しけるふるきみやこを思ひいでつつ

と、遠くみちのく平泉に来たって、「中尊」と申すところで、奈良からこの塞外の地に配流された僧徒にめぐり逢い、故郷の物語をしたという場面を綴っている。

この詞書は、西行研究者にとって、ことに西行初度の陸奥下向における歌として注目されている。ここに「中尊」と記されているのが、平泉の中尊寺であることは誤りなかろう(岩波文庫・佐佐木信綱校訂『山家集』には、藤岡東圃旧蔵本によって異本山家集中の秀逸が挿入されており、ここの「中尊」は「中尊寺」とある)。

そこで、西行と南都から配流された僧たちとの出会いが、何年であったのかが問題になる。これについては藤原頼長の『台記』康治元年(一一四二)八月三日の条に、

近年、南京(奈良興福寺)の衆徒、乱逆最も甚だし。これに因って、五月の比《ころ》より悪僧を勧学院に召し集め……召し取るところ十五人。今夕、摂政(藤原忠通)、前左衛門尉為義(義家子)に仰せてこれを受取らしむ。奥州に遣わさんがためなり。

とある。これが唯一、西行初度の奥州下向の年次を推定する手掛かりとして注目されてきた。内容は、この三年前に奈良興福寺で内部抗争があって、別当排斥派の僧徒が堂宇を焼くといった事態になった。事は藤原氏の氏寺のことであるから、その事後の沙汰が頼長の日記にも記事になったわけである。この年の五月ごろから身を拘束されていた一五人の悪僧(実力者・武闘派の意)らは、この日、摂政忠通が沙汰して奥州に流罪に処された。

歌と詞書は、西行が、みちのくの中尊と申す処での、その僧徒らとの奇遇であり述懐で

あった。

西行はこの後四〇年以上も過ぎて文治二年、六九歳の十月に再度奥州に下向はしているものの、奈良の僧たちとの出会いをそこまで延ばすのも蓋然性に乏しく、目崎徳衛氏は、詞書の書きざまをも合わせ考えて「西行と南都の僧達との邂逅は、西行自身にとってこの流罪事件がなお記憶に新たであった康治二年頃をさほど下らない時点のこと」と推定されている。文献史料として、十分に依拠とするに足るこの詞書を「中尊寺」の初見とする。

これに続くのが、前に掲げた紺紙金字法華経の安元二年（一一七六）三月十六日の奥書に見える「奥州磐井郡関山中尊寺金色堂所天聖霊藤原基衡　大檀主鎮主《（守）》府将軍藤原秀衡」である。確かな文証はこの二点だけであり、いずれも秀衡の代になってからの史料である。寺伝では、中尊寺の寺号は貞観元年（八五九）に清和天皇から賜ったなどともいうが、それをうかがわせるようなものはどこにも見られない。いつごろからそういう寺伝が形成されたのか知る由もない。したがって、「中尊寺」という寺号は、遡っても清衡の寺堂造営の時代であろう、といちおうの見当がつけられる。

それでは、「中尊寺」とは、いかなる意味をそこに汲むことができるであろうか。

「中尊」には、(1)第一義として諸尊仏・菩薩の中心の尊体、中央の仏像の意味がある。

そして『諸橋大漢和辞典』には「仏殿の中に三世の仏像を塑す。中尊は釈迦」という例文を引いている。『栄華物語』巻二九〈たまのかざり〉には、「百体の釈迦造り奉らせ給へる、……中尊は皆金色にて丈六にておはします。今九十九体は等身の仏にて」、「かくて、仏《ほとけ》中の間の高きに中尊おはします」とある。道長が百体釈迦仏を移した法成寺の記述で、その中台、中央の仏像を指して中尊といっているわけである。

もし、中尊寺の山上にそれを求めれば、これは二階大堂大長寿院の九品仏の中央の尊像、「注文」に高さ三丈と記される大阿弥陀如来像こそ、ということになろう。

ところが、(2)これとはまったく別な観点からの解釈を多田師から教示いただいた。

師説「人中の尊」

「中尊」は、「人中の尊」というように解釈してよい。清衡が、この寺を建立したところの目標は、「供養願文」に書かれているように「諸仏摩頂の場《にわ》」であり、「界内《かいだい》の仏土」を築くことであった。したがって、この中尊寺の造営ということは、中央文化の移植とか、日本の中心文化なるのみならず、ここを法界の中心道場とする、そういう意味である。汎《ひろ》く人類の拠り所たる理想に基づくことである。現実的な指導標としての「人中の尊」と解釈もできる。「尊」とは、人間の理想像である。

かつて、私が伺った師説は右のごとくであった。これは、従来の平泉研究者にはまったく聞かれなかった新しい「寺観」である。普《あまね》く一切を包摂するところの法界の中心たらんとした意図を汲むとすれば、これはもう全宇宙の中心ということであるから、いよいよもって奥州の中央などといった狭いものでない、ということになる。中尊寺のみならず、平泉文化の本質を考える上に、新しい視座が開かれたような感じもした。

ただし、「中尊」が⑴二階大堂の本尊阿弥陀如来を指して言うのか、⑵の「人中の尊」の意味に解釈すべきものか、そのいずれか二者択一となると、これはそもそも観点がまったく異なるのであるから、どちらか一方が正しくて他は否定されるべきもの、とはにわかには決められないであろう。なぜなら、寺号というものは寺院の単なる呼称ではない。開山や開基（堂塔創建の大檀主）の素意とか歴史、法灯が象徴されている場合もある。寺号の解意は「寺史」において軽視すべき事柄ではない。一五年ほど前私が、中尊寺の寺伝および諸説の見直しを執筆上梓した際に、寺号解釈未定稿の意味で表題をあえて『中尊寺史稿』としたのも、そうした意味からであった。そのころ、あい前後して高橋富雄氏が、やはり多田師の教示を承けて「人中の尊」の解釈を提唱していた経緯がある。

「人中の尊」という解釈のよりどころは、「法華経」の序品に、

「仏・人中の尊ありて、日月燈明と号《なづ》く」

「諸の天・竜・鬼神は、人中の尊を供養す」

とあって、この用例に基づくものであることも指摘されている。

これに対して、「この語はあくまでも〈人中の尊〉であって中尊の二文字だけでは経意から逸脱し、さらにその〈あらゆる人間の最高者〉という意味を中尊寺に積極的に結び付けることも不可能で、やや強引な解釈である」とする批判も、あるにはあった（須藤弘敏共著『中尊寺と毛越寺』保育社）。

しかし、私はこの批判を適切とは思わない。「人中の尊」は、「衆聖の中の尊にして、世間の父」（譬喩品《ひゆぼん》）であり、「われはこれ如来、両足の尊なり」（薬草喩品）、つまり如来・仏の尊称なのである。仏教術語としてそのまま素直に受けとめればいい。そうすると、中尊寺に積極的に結び付けることが不可能、などということにはむろんならない。また「人中の尊」から二字だけとるのも経意から逸脱するといわれるが、たとえば「仏行の徳」から行徳寺といい、「真理の教」の意で理教院の呼称があり、台密葉上流の灌室（灌頂道場）に「秘密の蔵」の意で密蔵院がある。「仏の住所をば、常寂光と名付く」と『栄華物語』（たまのうてな）にあるが、寂光院はまさに常寂光土の寂光である。さらに四字熟語からの例をあげれば、「止観明静」の中の二字で観明寺が、「感応道交」の前二字によって感応寺がある。これらはいずれも意を汲み要をとったものであって、逸脱していない。

多田師は、天台学という法門から観て解釈されているわけである。思想がある人の話は、ことばの表面だけで捉えたり、止めてつかもうとすると、大事なものが指の間から漏れてしまうこともある。その辺を思い量って受けとめたいものである。

なお、「一字仏頂輪王経」における、「人中の尊」の用例もここにあげておこう。

……あるいは童男・童女の身を現じ、あるいは地獄・餓鬼・畜生の趣（境遇）に入り、したがって諸の身を現じて諸の衆生を救脱す。あるいは諸の山林・城邑・聚落、ために房舎を作り、種々の衣食《おじき》、ために供給し施し済《すく》う。常に三界を依怙《たより》となして一切衆生を度脱す。五神通を具して菩薩行を行ずるは、人中の尊たり。

巻末の一節で、この「為人中尊」（人中の尊たり）で文が終わる。現実世界で、さまざまな境遇に生きている人間を「救脱」、救い度脱せしめる。都鄙《とひ》の生活のみならず迷い苦しむ三界から、生きとし生ける者を救済しようとする菩薩の菩薩たる所以《ゆえん》を明かし、その菩薩行者を「人中の尊たり」といっているのである。そうすると、たとえば「両国（陸奥・出羽）に一万余の村あり、村ごとに伽藍を建て仏性灯油田を寄付した」押領使清衡の営為も仏行《ぶつぎょう》として捉えるならば、経の所説に通底しているのであって、人中の尊の解釈を不可能とか強引とか、必ずしもそのように言う必要もないわけである。

ところで、中尊寺に伝承される延年「開口《かいこう》」の詞章を読みなおしてみると、当寺に宋版一切経が入蔵されたことに関係して「中尊寺と号す」とあり、後世、その寺観から帰納して寺号が受けとめられてきたのではないか、そのように思われる節《ふし》もある。

「開口」が語る故実

中尊寺鎮守白山社祭礼の伝書のなかに、貞享二年（一六八五）卯月初午の「開口」の詞章があり、また、山内円乗院に伝わる『故実伝書本』には開口・祝詞・若女・老女の唱詞・型付も記載されている。こうした詞章は、これまでにも儀礼・芸能の論著には紹介されたが（本田安次著作集『日本の伝統芸能』第一五）、これを史料として取り上げて内容について考証されたことはなかった。

本書では辞句の詳細な検証は略すが、詞章に、

青竜寺と白馬寺

大雄世尊の月氏中天の仏法、青竜の密教、白馬の現化を彼の寺に収め置き名を中尊寺と号す。

とある。月氏は、一般的には西域の国名と解釈されるが、たとえば、「月氏霊山、則ち王城の東北に攀《よ》ず、大聖の明崛《めいくつ》なり」（山門都返奏状）といったように天竺（インド）と同じ意味で用いられている例もある。また、中天も普通は天竺の東西南北・中央の中天と説明されるが、これも「伝え聞く、中天の舎衛大国、年ごとに一度法会を設く」（承安四年、澄憲祈雨の表白）と、インド北部コーサラ王国の首都・舎衛《しゃえ》城（シラヴァスティー）を指している例もあるのであって、「月氏中天の仏法」で天竺から伝わった仏法とゆるやかに解釈される。青竜の密教は長安の青竜寺で、金剛界・胎蔵界両部の曼荼羅を中国的に改変したとされる青竜和尚恵果《けいか》がここにいた。その門に義操が、その弟子に法全《はっせん》・義真がいた。空海は恵果の晩年にこの青竜寺で法を受け、円仁もここで義真について胎蔵界潅頂と蘇悉地の大法を受けたのであり、円珍は法全について三部の大法を伝授され、聖教一一五巻と曼荼羅や法具を将来したのである。

白馬の現化とは、『洛陽伽藍記』（魏の楊衒之《ようげんし》撰）に見える白馬寺の伝説で、後漢の明帝の感夢求法説が下敷きになっている。明帝が金神を夢にみた。身は一丈六尺、額と背に日月が光輝き、胡人の神で「仏」と称う。明帝が遣わした使者が、西域から白馬に経典と仏像を荷して帰ってきたという伝説である。白馬寺は、洛陽から各地に創建された。山西省の太原市の崇善寺も唐代に創建され初め白馬寺と号した。現在の仏殿は明代に再建されたものであるが、大悲殿の東西両房に、宋版一切経（福州版東禅等覚院本や磧《せき》砂《さ》版延聖院本）がかなりの部数遺存している。

なお付け加えるなら、「開口」の詞章の最後に、

今日諸人大衆の御前にて拍子を給って、千秋万（歳の万歳楽（心内にて唱））

とある。舞台の翁が「千秋万歳」の万まで声を止めると、同時に鏡板の裏（楽屋）から役僧が舞台に向けて「バッ」と声を発する。口伝であるから、別にどういう意味かも考えずに代々そうして勤めてきたわけであるが、これにも何かいわれがあるのであろう。と思

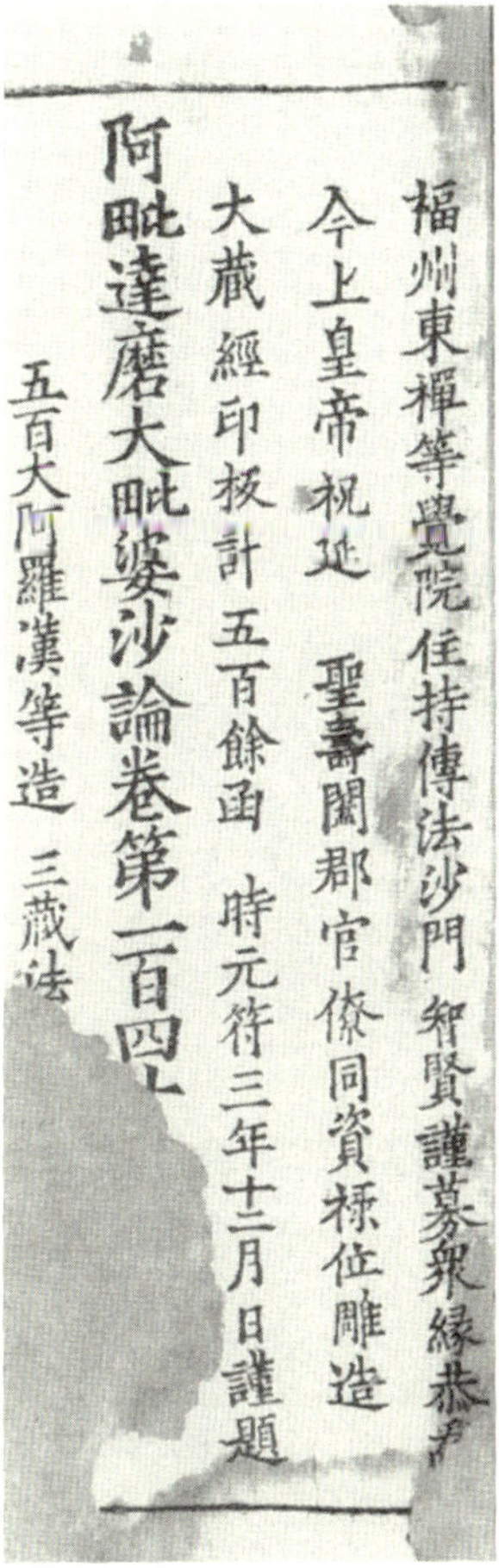
福州東禪等覺院住持傳法沙門 智賢謹募衆緣恭
今上皇帝祝延 聖壽閩郡官僚同資禄位雕造
大藏經印板計五百餘函 時元符三年十二月日謹題
阿毗達磨大毗婆沙論卷第一百四
五百大阿羅漢等造 三藏法

図9　宋版一切経刊記
（東禅等覚院本）

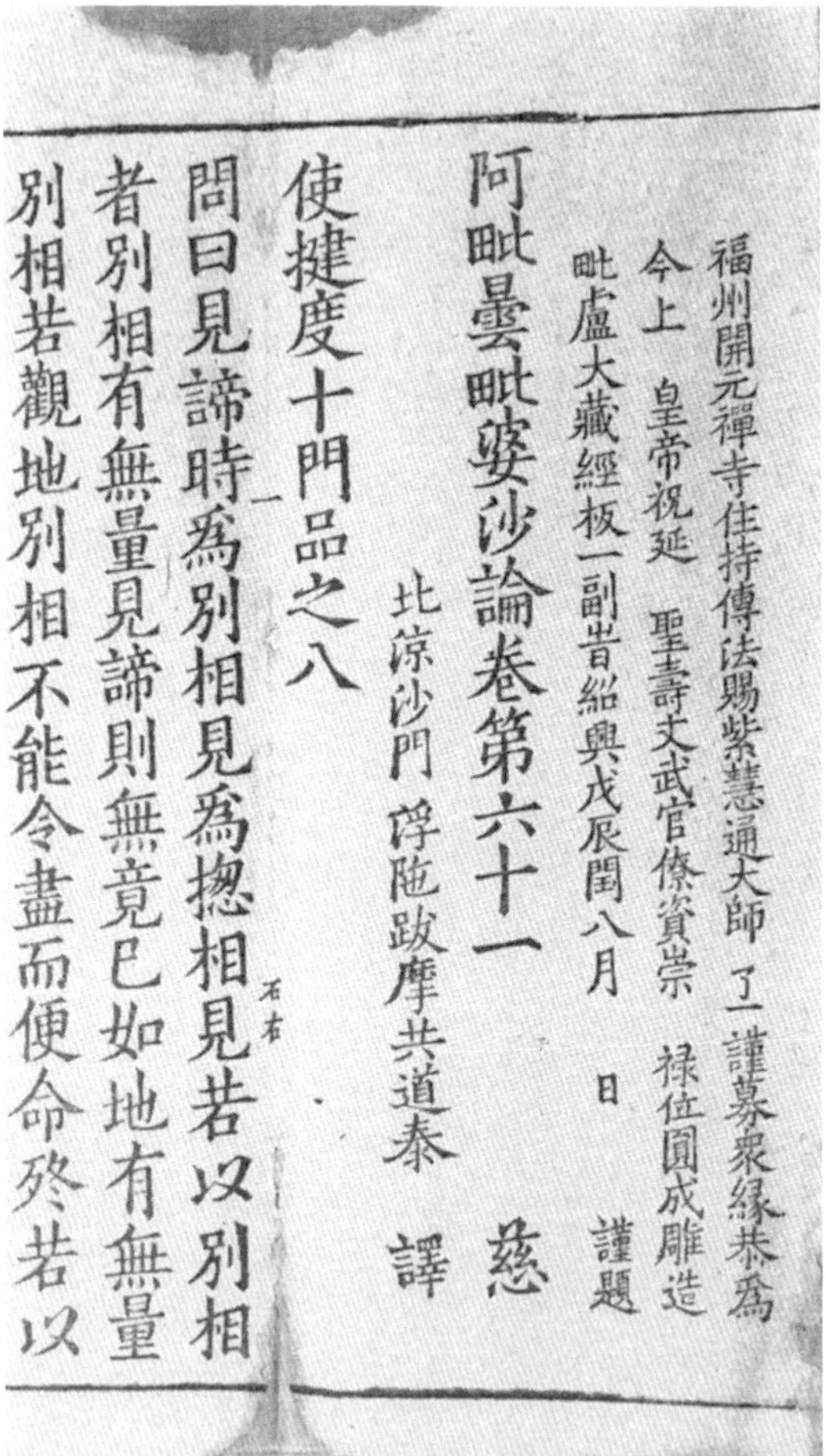

福州開元禪寺住持傳法賜紫慧通大師 了一 謹募衆縁恭爲
今上 皇帝祝延 聖壽文武官僚資崇 禄位圓成雕造
毗盧大藏經板一副旹紹興戊辰閏八月 日 謹題
阿毗曇毗婆沙論卷第六十一 慈
北涼沙門 浮陀跋摩共道泰 譯
使揵度十門品之八
問曰見諦時爲別相見爲揔相見若以別相
者別相有無量見諦則無竟巳如地有無量
別相若觀地別相不能令盡而便命終若以

図10　宋版一切経刊記（開元寺本）

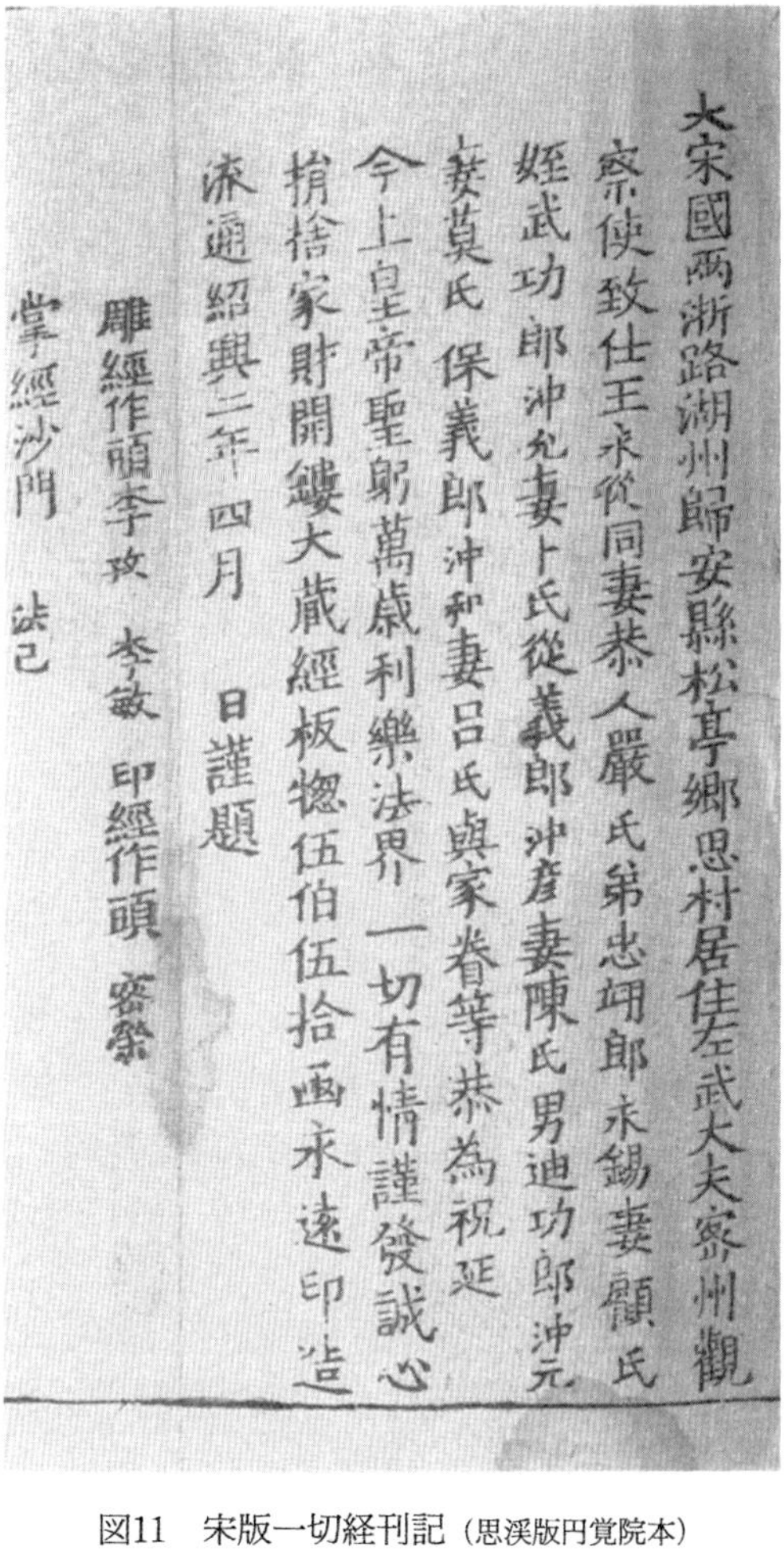
大宋國兩浙路湖州歸安縣松亭鄉思村居住左武大夫密州觀
察使致仕王永從同妻恭人嚴氏弟忠翊郎永錫妻顧氏
姪武功郎沖允妻卜氏從義郎沖彦妻陳氏男迪功郎沖元
妻莫氏 保義郎沖和妻呂氏與家眷等恭為祝延
今上皇帝聖躬萬歳利樂法界一切有情謹發誠心
捐捨家財開鏤大藏經板總伍伯伍拾函永遠印造
流通紹興二年四月 日謹題
雕經作頭李孜 李敏 印經作頭 密榮
掌經沙門 法己

図11　宋版一切経刊記（思渓版円覚院本）

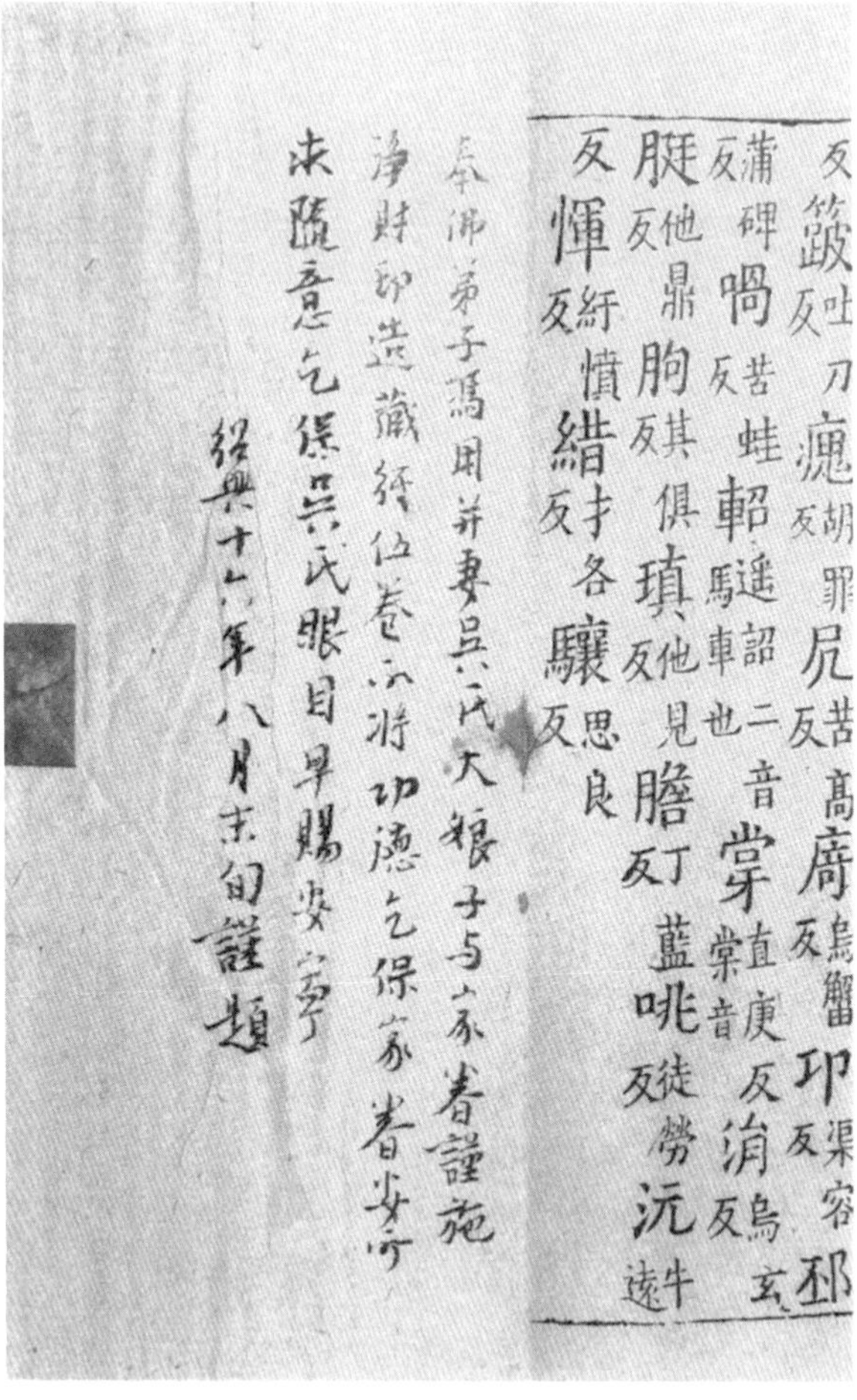

図12　宋版一切経施財印造墨書（思渓版「法苑珠林」）

ってみると、『漢書』の〔武帝紀〕に、武帝が正月、洛陽の近く嵩山《すうざん》に登って鎮護国家を祈った。すると、国民が歓喜し祝して「万歳万歳万々歳」と叫び、その声が四周峰々にこだましたという。そう、……それだ。正月修正会のあと、四月祭礼のハレの舞台で、武帝の嵩山における鎮護国家の祈禱の故事を取り入れているのである。こうしてもはや、中尊寺に伝わる「開口」の詞章を、中国の故事伝説や文物に結びつけて考えるのに躊躇《ためら》いは要らないようである。

如意寺兼助と東寺賢俊

短い「開口」の詞章から、予想以上に豊富な、しかも初めて聞く情報・手掛かりが得られたわけである。ここで注意されたいのは、「白馬の現化を彼の寺に納め置き、名を中尊寺と号す」である。何を納め置いたのか。それは釈尊の説かれた、月氏中天から伝わった経典であり、青竜寺の密教も（その中にはあって）、あたかも後漢明帝の感夢求法譚の白馬の化身が現れたごとくに、「経」（聖教）を彼の寺に、納め置いたのである。宋版一切経を「納め置き」、「名を中尊寺と号す」となる。それがこの寺の寺観であり、この詞章の主題ともいえよう。

気がつかれたであろうか。この寺（中尊寺）を「彼の寺」と表現しているのである。詞章の全文を分析してみると、四段の構文からなり「彼の寺」が二ヵ所ある。「霊地なり」

「無双の霊地」「殊勝の霊地」と繰り返しの表現も目につく。これは、文を継ぎ接《は》ぎして成文されているからである。

問題は、中尊寺を「彼の寺」といっているということは、遠く離れた地から見ているわけで、どこからだれの視線であろうか。歴史上でそれに当てはまるような状況としては、(1)鎌倉からと、(2)京都からの場合が想定される。

(1)　鎌倉にいて中尊寺を管領したとなれば、代々鎌倉幕府から補任された平泉両寺(惣)別当職である。そのなかでもとくに注目されるのが「相州一族」つまり北条氏の係累になる盛朝で、建治三年（一二七七）以降に就任し、正応元年（一二八八）の金色堂覆堂棟札にその名が見える。ことさらに宋版一切経に焦点をあてた詞章の背景(動機)を想像するとすれば、平泉の寺院をかつての藤原三代の氏寺としてでなく、そうした過去の余栄だけをいつまでも引きずらない顕密仏教の大寺として管掌するために、宋版一切経の舶載入蔵を「中尊寺」の意味の基盤とした、そういう意図もあったかも知れない。鎌倉では北条実時の意向によって宋版一切経を福州から将来し、金沢称名寺に寄進されたばかりであった。動機としても時代の指向としても、こうした想定は必ずしも無理でないようにも思う。

(2)　京都の方から「彼の寺」と見て称ったという場合については、少し説明を要するが、私はこの方が可能性が高いとみている。中尊寺梵鐘の銘に、建武四年（一三三七）に「回禄」つまり山上の堂宇が焼失したと伝える。ところが、これまでの発掘調査によるかぎりは、それほどの火災の痕跡は認められない。あるいは、時代の大きな変革を象徴するものとして、鐘楼の焼失があたかも山上の堂宇悉く灰燼《かいじん》に帰したかのように伝えられてきたのではとも思われる。そしてその翌年、暦応元年の経蔵文書には「如意寺僧正御房の御気色《みけしき》によって執達くだんの如し」と裏書きされたものがある。

如意寺とは、園城寺の別院で如意寺僧正とは兼助である。中尊寺経蔵別当に付属する免田や坊地の譲与を承認したものである。

また、貞和二年（一三四六）には東寺の寺務賢俊が中尊寺権別当（金色堂別当）頼盛に宛てて一山衆徒に安堵状をもらいに参洛するように、当然のことながら早く安堵料を納めるよう御教書をよこしている。世上混沌としたこの時期に「京都宗教界の超大物が平泉惣別当職を兼帯してきてさえいる」（遠藤巌氏）そういう状況にあった。

園城寺や東寺からみての文とすれば、奥州のあのかつての藤原氏の寺を「彼の寺」といったことも頷ける。その「彼の寺」には、大陸の吉祥院から購入した宋版一切経が蔵されている。しかも「青竜の密教」と書いている。これは単に青竜と白馬の対句の妙を意図しただけのものではない。青竜寺こそは園城寺の祖師智証大師円珍が大法を伝授された故地である。真言の東寺にとっても、青竜寺は宗祖弘法大師空海が入唐して恵果から灌頂をうけた室である。東寺の道場はことごとく青竜寺の風を模したと東寺の記録『東要記』は伝えている。また、中尊寺では江戸時代の延宝八年（一六八〇）まで、院主と、その法系を汲んだ山内の衆徒八坊が、たしかに真言僧であった。けれども、『園城寺伝記』一〇には正応・永仁の数種類の「開口」の詞章が伝わっていて、それに「白馬の教文を学び、青竜の長流を酌む」とか、貫主を「青竜和尚の後身か」などと記している。そうした歴史の片々をあわせ考えると、中尊寺「開口」の詞章には、やはり園城寺との係わりがあったのでは、と思われるのである。

「中尊寺」の意味の基盤とその歴史の空白の部分について、伝えられる「開口」の詞章から考えてみた。新しく確かなことがわかったわけではない。ただ、少しばかり根元へ喰い込んだとすれば幸いである。

参考文献

〔主な文献〕

『大正新脩大蔵経』（19・20密教部）
『大日本仏教全書』（『阿娑縛抄』『伝記叢書』『寺誌叢書』『興福寺記』『園城寺伝記』）
『法華経』（岩波文庫、坂本幸男・岩本裕訳註）
浄土三部経』（岩波文庫、中村元・早島鏡正・紀野一義訳註）
『往生要集』（日本思想大系、岩波文庫、石田瑞麿訳注）
『洛陽伽藍記』（中国古典文学大系21、平凡社）
『奥州藤原史料』（東北大学東北文化研究会編、吉川弘文館）
『中右記』（史料大成）
『吾妻鏡』（新訂増補国史大系、吉川弘文館／『東鑑』慶長活字本、国立公文書館蔵）
『平泉町史』（史料編一・二、平泉町史編纂委員会）
『栄華物語』『今昔物語』『日本往生極楽記』（日本古典文学大系、岩波書店）

〔参考著書・引用論文〕

『平泉町史』総説論説編（石田一良・板橋源・斎木一馬・高橋富雄各氏の所収論文）

『平泉建築文化研究』藤島亥治郎著（吉川弘文館）
『中尊寺学術調査　最終報告』（中尊寺編）
『西行の思想史的研究』目崎徳衛著（吉川弘文館）
『法華経を読む』鎌田茂雄著（講談社学術文庫）
『中尊寺と毛越寺』須藤弘敏・岩佐光晴共著（日本の古美術19、保育社）
『王朝の紙』飯島太千雄著（毎日新聞社）
『大系日本の歴史』4王朝の社会――棚橋光男著（小学館）
『古語に聞く』竹西寛子（ちくま文庫）
「阿弥陀堂建築」工藤章（『原色日本の美術』6、小学館）
「平泉惣別当譜考」遠藤巌（『国史談話会雑誌』17号）
「奥州藤原氏造営寺院をめぐる諸問題」荒木伸介（『アガルマ』同朋社、一九八二年）
「中尊寺造営にみる世界戦略」入間田宣夫（『宮城歴史科学研究』同研究会、42号）
「根津美術館所蔵　大日如来画像」白原由起子（『美術史』第一三七冊）
「中尊寺供養願文の諸問題」菅野成寛（『宮城歴史科学研究』43・44合併号）
「平泉の仏教文化と鎌倉」清水廣（『平泉と鎌倉』平泉祭実行委員会編）
「服飾と中世社会―武士と烏帽子―」広川二郎（『絵巻に中世を読む』、吉川弘文館）
「美濃・石徹白の銅像虚空蔵菩薩像と秀衡伝説」井上正（『仏教芸術』一六五）
「七宝の柱」泉鏡花（『泉鏡花短編集』岩波文庫）

あとがき

平泉・中尊寺は、「光堂」に象徴され、金色堂が代名詞のように語られてきた。

しかし、たとえば比叡山が王城鎮護の道場・顕密の学山と称され、高野山が弘法大師入定の霊山と仰がれる。その千古の歴史と宗風を象徴する呼称であるが、そうした寺観からすると中尊寺はどう称されるか。あらためて考えてみると、この山は「一切経の山」であると、そう捉えるのが最もふさわしいように思う。前代未聞の、紺紙金銀字交書一切経を基盤にした寺院である。さらに紺紙金字一切経、基衡・秀衡それぞれが亡父の供養に一日頓写した紺紙金字法華経、そして中国から舶載されてきた宋版一切経を蔵した山である。

紺碧紙に金銀字光を交わす一切経には、中国五台山の宗風が投影されている。紺紙金字経は王朝の紙・斐紙を染め、みちのくに産する金泥で書写した。法華経は「諸経の王」であり「諸経の中の宝」（提婆達多品）である。経字は仏語であり正確を期して、あるいは校正に善写本とされる高麗本の初彫本をもって異本対校したのでは、とも思われる。

一切経一部の量は「七駄片馬」と称《い》われたという。そのような熟語のあることも私は知らなかったが、泉鏡花が先の「七宝の柱」のなかで経蔵に入ってからの所感に交えて、そう書いている。ちなみに、大槻文彦の『大言海』によると、三六貫目を一駄の重さとした。酒樽なら三斗五升入り二樽を一駄とし、馬一疋（本馬）の荷として、その半量を片馬と言った。度量衡の数値は、時代と地方、状況によって差があるものであるから、これがそのまま宋版一切経の全部量に当てはまるものか慎重を要するが、いちおうの目安にはなる。

かつて、仏教考古学の石田茂作氏は、奈良時代における美術の宝庫が正倉院であるならば、中尊寺は、平安時代を代表する美術の宝庫であると高く評価した。それは、金色堂およびその堂内具の漆工・木工・金工芸の精華と、経蔵の金銀字・金字、宋版の諸経が主たる内容であって、まさしく中尊寺は、遺存する文化財の質と量において、日本文化史上、東日本において突出した地位を占めているわけである。

しかもその文化の位相は、一昔前の平泉論のように京洛との対比だけでなく、最近、諸氏が指摘されるように、海の道をも視野に入れる必要があるということになり、その先には九州博多から中国明州（浙江省）の寧波《ニンポー》も見えてくる。

中尊寺の歴史は、なお多くの問題が不明のなかにある。しかも、今日のわれわれが常識とする科学的・相対的な認識でもって、歴史を解明しようとすることが、必ずしも真相に繋がるとは限らないようにも思う。寺院建立の基盤、依拠となった経典の意を汲んで、そして史料を読み、遺構に聞くことが大切であろう。経典は、字句を摘まみとって論評するだけでなくて、時間に余裕をもって、心読したいものである。

菊池寛の揮毫に、「芭蕉の名句も　尚尽さず中尊寺　千古の感慨」とあった。

一九九八年十月

佐々木邦世

著者紹介

一九四二年、岩手県に生まれる
一九七二年、大正大学大学院博士課程単位取得満期退学
現在、中尊寺仏教文化研究所所長

主要論文
よみがえる「信の風光」　平泉無量光院「狩猟の図」を読む　奥州藤原氏と南都北嶺　天海と関東天台宗

歴史文化ライブラリー
59

平泉中尊寺
金色堂と経の世界

一九九九年(平成十一)二月一日　第一刷発行
二〇〇八年(平成二十)四月一日　第三刷発行

著　者　佐《さ》々《さ》木《き》邦《ほう》世《せい》
発行者　前田求恭
発行所　株式会社 吉川弘文館
東京都文京区本郷七丁目二番八号
郵便番号一一三―〇〇三三
電話〇三―三八一三―九一五一〈代表〉
振替口座〇〇一〇〇―五―二四四
http://www.yoshikawa-k.co.jp/
印刷＝株式会社 平文社
製本＝ナショナル製本協同組合
装幀＝山崎　登

© Hōsei Sasaki 1999. Printed in Japan

歴史文化ライブラリー

1996.10

刊行のことば

現今の日本および国際社会は、さまざまな面で大変動の時代を迎えておりますが、近づきつつある二十一世紀は人類史の到達点として、物質的な繁栄のみならず文化や自然・社会環境を謳歌できる平和な社会でなければなりません。しかしながら高度成長・技術革新にともなう急激な変貌は「自己本位な刹那主義」の風潮を生みだし、先人が築いてきた歴史や文化に学ぶ余裕もなく、いまだ明るい人類の将来が展望できていないようにも見えます。このような状況を踏まえ、よりよい二十一世紀社会を築くために、人類誕生から現在に至る「人類の遺産・教訓」としてのあらゆる分野の歴史と文化を「歴史文化ライブラリー」として刊行することといたしました。

小社は、安政四年(一八五七)の創業以来、一貫して歴史学を中心とした専門出版社として書籍を刊行しつづけてまいりました。その経験を生かし、学問成果にもとづいた本叢書を刊行し社会的要請に応えて行きたいと考えております。

現代は、マスメディアが発達した高度情報化社会といわれますが、私どもはあくまでも活字を主体とした出版こそ、ものの本質を考える基礎と信じ、本叢書をとおして社会に訴えてまいりたいと思います。これから生まれでる一冊一冊が、それぞれの読者を知的冒険の旅へと誘い、希望に満ちた人類の未来を構築する糧となれば幸いです。

吉川弘文館

〈オンデマンド版〉
平泉中尊寺
金色堂と経の世界

歴史文化ライブラリー
59

2017年（平成29）10月1日　発行

著　者　佐《さ》々《さ》木《き》邦《ほう》世《せい》
発行者　吉川道郎
発行所　株式会社　吉川弘文館
〒113-0033　東京都文京区本郷7丁目2番8号
TEL　03-3813-9151〈代表〉
URL　http://www.yoshikawa-k.co.jp/

印刷・製本　大日本印刷株式会社
装　幀　清水良洋・宮崎萌美

佐々木邦世（1942～）
© Hōsei Sasaki 2017. Printed in Japan
ISBN978-4-642-75459-0

JCOPY 〈(社) 出版者著作権管理機構 委託出版物〉
本書の無断複写は著作権法上での例外を除き禁じられています．複写される場合は，そのつど事前に，(社) 出版者著作権管理機構（電話 03-3513-6969，FAX 03-3513-6979，e-mail: info@jcopy.or.jp）の許諾を得てください．